Bem-Vindo!

A LÍNGUA PORTUGUESA NO MUNDO DA COMUNICAÇÃO

CADERNO DE EXERCÍCIOS

2

BEM-VINDO!
A LÍNGUA PORTUGUESA NO MUNDO DA COMUNICAÇÃO
Português para Estrangeiros
Caderno de Exercícios 2

Projeto Gráfico/Editoração	Cia. de Desenho
Fotolito Digital	Fast Film
Impressão	Yangraf
Revisores	Diva Cleide Calles
	Inaldo Firmino Soares
Ilustração	Rafael Infantozzi

SBS - SPECIAL BOOK SERVICES
Avenida Casa Verde, 463 - Casa Verde
02519-000 - São Paulo - SP
Tel.: (11) 6977-1221
Fax: (11) 6977-1384
Freephone: 0800-121777
Freefax: 0800-160707
e-mail: sbs@sbs.com.br
home-page: www.sbs.com.br

Dados Internacionais de Catalogação na Publicação (CIP)
(Câmara Brasileira do Livro, SP, Brasil)

Burim, Silvia R. B. Andrade
    Bem-Vindo! a língua portuguesa no mundo da comunicação : português para estrangeiros : caderno de exercícios, 2 / Silvia Regina B. Andrade Burim, Itana Summer Medrado. -- 1. ed. -- São Paulo : Special Book Services Livraria, 2000.

Suplementado pelo manual do professor.
Inclui fita cassete e áudio CD.

1. Português – Brasil 2. Português – Estudo e ensino – Estudantes estrangeiros 3. Português – Livros–texto para estrangeiros 4. Português – Problemas, exercícios etc. I. Medrado, Itana Summer. II. Título.

00-4210   CDD-469.824

Índices para catálogo sistemático:

1. Português: Livros-texto para estrangeiros 469.824
2. Português para estrangeiros 469.824

Agradecimentos

Agradecemos a todos aqueles que contribuíram com idéias, sugestões, críticas e incentivo para a elaboração deste caderno de exercícios. Aos nossos entes queridos ausentes os nossos eternos agradecimentos por sua orientação e apoio, que nos permitiram concluir com êxito esse projeto.

Eu gusto comer pizza todas as tercas!

Sabado passado, nós vamos a Wet N Wild
por o todo dia

Nossa Familía vamos a na praia nas sextas
de vez em quando.

Eu ensino a Biblía
nos domingos de vez
em quando.

Eu miro meus filhos
brincam con seus brinquedo
todos os dias.

1. Complete as APRESENTAÇÕES nos diálogos abaixo.

> Quero que você conheça...
> Gostaria de te/lhe apresentar...
> Este/Esta é... Estes/Estas são...

1.

Cássio: Bom dia, Sr. Lucas. Este é José Paulo, o novo analista de sistemas.

José Paulo: _Prazer em conhecê-lo_

Sr. Lucas: _Prazer seja bem-vindo_

2.

Júlia: Vera, venha cá, por favor. _Quero que você_ a nova gerente. - Sônia, esta é Vera, nossa secretária. _conheça_

Vera: Seja bem-vinda!

Sônia: _obrigada_ e muito _muito prazer_

2. No caça-palavras abaixo, encontre quatro DIAS DA SEMANA e escreva algo que você costuma fazer em cada um desses dias.

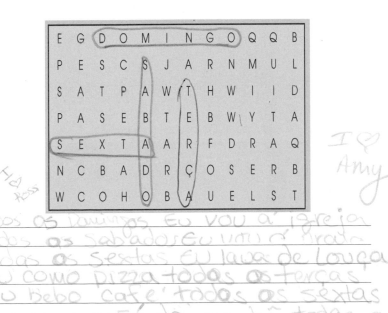

E	G	D	O	M	I	N	G	O	Q	Q	B
P	E	S	C	S	J	A	R	N	M	U	L
S	A	T	P	A	W	T	H	W	I	I	D
P	A	S	E	B	T	E	B	W	Y	T	A
S	E	X	T	A	A	R	F	D	R	A	Q
N	C	B	A	D	R	Ç	O	S	E	R	B
W	C	O	H	O	B	A	U	E	L	S	T

Todos os Domingos eu vou à igreja
Todos os Sabados eu vou à praia
Todas as sextas eu lavo de Louça
Eu como pizza todas as terças
Eu bebo café todas as sextas
Eu como café da manhã todas as dias

I ♡ Amy

UNIDADE

1

PRAZER EM CONHECÊ-LO

CUMPRIMENTOS

ARTIGOS DEFINIDOS E INDEFINIDOS

PRESENTE SIMPLES DO INDICATIVO: VERBOS REGULARES E IRREGULARES

PRONOMES PESSOAIS

PRONOMES INTERROGATIVOS

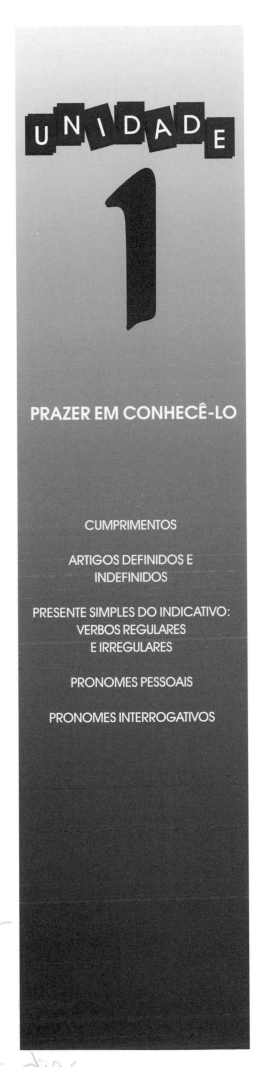

3. Os verbos SER e ESTAR foram omitidos das orações abaixo. Indique a posição dos verbos e conjugue-os adequadamente.

> **Exemplo:** *Oi, eu ᵃinglesa. Mas ᵇno Brasil há 10 anos. Eu ᶜsolteira e moro com meus pais.*
> **a.** sou   **b.** estou   **c.** sou

1. Minha irmã caçula casada. Ela casada há 5 meses. O marido dela muito rico. Agora ele no Japão a serviço.
   a. é   b. está   c. é
   d. está

2. Meus pais empresários. Eles no ramo de esportes há 20 anos. ~~são~~ estão
   a. ~~SOMOS~~ são   b. ~~estamos~~ estão

3. Meu irmão mais velho normalmente muito calmo, mas hoje uma pilha de nervos, por causa das provas finais do colégio.
   a. ~~é~~ é   b. está

4. Eu e meu irmão comilões. Meus pais sempre pegando no nosso pé, pois não podemos comer demais, de regime!
   a. ~~são~~ somos   b. estão   c. estamos

4. Responda às questões praticando o verbo TER.

1. Você tem tempo para fazer as tarefas de Português? ~~Sim~~, É claro que tenho

2. Seus pais têm uma casa no campo? Não ~~não~~ têm não casa no campo.

3. Você e seus amigos têm muitas horas livres para se divertir? É lógico que temos

4. Seu professor tem paciência com você? Tem, com certeza tem.

5. Você tem um time favorito? Tenho _____ Pra que time você torce? ~~Santos~~, (Flamengo)

5. De acordo com a árvore genealógica, escreva sobre o grau de parentesco das pessoas.

> **Exemplo:** *Marcos e Bete são marido e mulher. Jorge e Rosa são filhos do casal.*

Marcos   Bete

Márcia   Jorge   Rosa   Pedro

Odete   Tatiana   Bruno   Ricardo

6. QUEM SÃO ELES?

Relacione as informações às figuras. Observe a aparência dos personagens e imagine o estilo de vida que eles levam.

Escreva (1) para Conceição e Henrique;
      (2) para Seu Pedrão e Dona Rita;
      (3) para João e Carmem.

a. ( ) Moram no Brasil há 40 anos.
b. ( ) Vão a festas, quase todo fim de semana.
c. ( ) Viajam a negócios, duas ou três vezes por mês.
d. ( ) Têm seu próprio negócio.
e. ( ) Perdem de uma ou duas horas no trânsito pela manhã.
f. ( ) Não gostam de acordar cedo.
g. ( ) Chegam em casa por volta das 19h.
h. ( ) São portugueses.
i. ( ) Almoçam fora todos os dias.
j. ( ) Ouvem música no último volume.
k. ( ) São casados há 34 anos.
l. ( ) Gastam a mesada em bobeiras.

1   **2**   **3**

7. Complete os espaços em branco dos textos abaixo com os ARTIGOS: o, a, os, as, um, uma, uns ou umas.

TEXTO 1

(1) _____ direitos autorais deste livro são exclusivos da Editora SBS. (2) _____ SBS, além de editora, é também (3) _____ das maiores revendedoras e importadoras de livros do país. (4) _____ maioria dos livros é importada. **Bem-Vindo!** é (5) _____ primeiro lançamento da SBS Editora, que já tem (6) _____ centena de novos projetos para publicação. Recebemos projetos de todo o Brasil e (7) _____ ou outro do exterior. (8) _____ são bons, outros ruins. (9) _____ trabalho de escolha e análise é difícil, mas os resultados são excelentes.

Não percam (10) _____ próximas novidades!

TEXTO 2

(A campainha toca...)

A: Lúcio, vá ver quem é.

B: Está (Tá) bem. Já estou (tô) indo.

A: Quem é, Lucas?

(Olhando através do olho mágico.)

B: Não sei bem ao certo. Eu só vejo (1) _____ meninas do outro lado da rua.

A: Que meninas?

B: (2) _____ delas parece (3) _____ Rose.

A: Que Rose?

B: (4) _____ filha do Sr. Geraldo.

A: Mas que Sr. Geraldo?

B: (5) _____ amigão dos Sousas.

A: Que Sousas?

B: Ora, mãe! (6) _____ donos da mecânica da esquina.

A: Ah! Já sei. Mas e (7) _____ outras meninas?

B: (8) _____ baixinha é (9) _____ Zilu.

A: (10) _____ Zilu não é uma das filhas da Julieta?

B: Que Julieta, mãe?

A: Bem, (11) _____ dizem que ela é (12) _____ dona da quitanda do fim da rua, mas eu acho que ela é só (13) _____ das funcionárias.

B: Que quitanda, mãe?

TEXTO 3

Carla: Mariana, vamos ao shopping center hoje à tarde?

Mariana: Não posso. Hoje tenho que fazer (1) _____ pesquisa.

C: Sobre o que é (2) _____ pesquisa?

M: É sobre (3) _____ Descobrimento do Brasil.

C: Você quer (4) _____ livros emprestados?

M: Não obrigada, já tenho muitos. Mas você tem (5) _____ computador que eu possa usar? (6) _____ computador do meu pai está quebrado.

C: Tenho sim, você pode usar (7) _____ computador do meu irmão.

9

8. Escolha os SUJEITOS, VERBOS E COMPLEMENTOS que formem orações completas e as escreva em seu caderno.

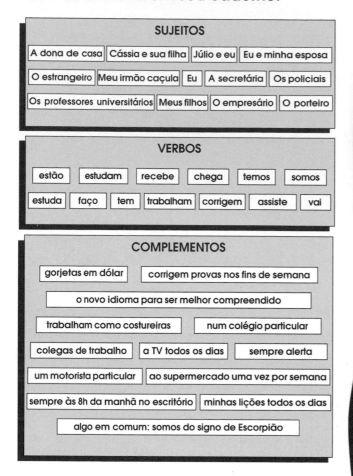

SUJEITOS

| A dona de casa | Cássia e sua filha | Júlio e eu | Eu e minha esposa |

| O estrangeiro | Meu irmão caçula | Eu | A secretária | Os policiais |

| Os professores universitários | Meus filhos | O empresário | O porteiro |

VERBOS

| estão | estudam | recebe | chega | temos | somos |

| estuda | faço | tem | trabalham | corrigem | assiste | vai |

COMPLEMENTOS

| gorjetas em dólar | corrigem provas nos fins de semana |

| o novo idioma para ser melhor compreendido |

| trabalham como costureiras | num colégio particular |

| colegas de trabalho | a TV todos os dias | sempre alerta |

| um motorista particular | ao supermercado uma vez por semana |

| sempre às 8h da manhã no escritório | minhas lições todos os dias |

| algo em comum: somos do signo de Escorpião |

9. Complete o texto abaixo conjugando, no PRESENTE SIMPLES, os verbos entre parênteses.

Denise: Bom dia! Meu nome (1) _____ (ser) Denise e (2) _____ (estar) aqui hoje para lhes apresentar nossa nova colega de trabalho, Gabriela. Ela (3) _____ (ter) 25 anos e (4) _____ (morar) em São Bernardo, São Paulo. Seus pais (5) _____ (ser) alemães, mas (6) _____ (estar) no Brasil há mais de 30 anos, e eles (7) _____ (ter) um restaurante aqui no centro da cidade. A família toda (8) _____ (trabalhar) muito de segunda a sexta, e muito mais aos sábados e domingos, pois o restaurante (9) _____ (estar) sempre cheio. E sabem por quê? A comida e o atendimento (10) _____ (ser) ótimos. Gabriela (11) _____ (estudar) à noite e (12) _____ (fazer) um curso de inglês aos sábados. Você gostaria de dizer alguma coisa, Gabriela?

Gabriela: Muito prazer! ... Bem, eu também (13) _____ (escrever) poesias e (14) _____ (fazer) trabalhos escolares: digitação, pesquisa... Eu (15) _____ (ter) dois irmãos. O mais velho (16) _____ (ser) advogado, e o caçula, programador numa empresa multinacional. Nós três (17) _____ (gostar) muito de ler, de ir ao cinema e ao teatro.

10. Responda às perguntas com o VERBO na 1ª pessoa do singular e, depois, na 3ª do plural, completando as frases sobre a família Sousa.

ENTREVISTA - Você...
1. gosta de música? _____
2. dorme 8 horas por dia? _____
3. acorda cedo? _____
4. sai de casa com pressa? _____
5. almoça em casa? _____
6. faz ginástica? _____
7. vai ao trabalho de carro? _____

8. tem muitos amigos brasileiros? _____
9. assiste ao noticiário freqüentemente? _____
10. trabalha nos fins de semana? _____

E os Sousa?
1. Eles também _____
2. Eles não _____
3. Acho que eles _____

4. Às vezes eles _____
5. Eles nunca _____
6. Raramente eles _____
7. De vez em quando, eles _____

8. Eles certamente _____

9. Eles sempre _____
10. Normalmente, eles _____

11. De acordo com o quadro abaixo, faça possíveis perguntas para as respostas dadas.

Daniela Rodrigues	em Moema
há 5 meses	5664-0741	2	26 anos
médico	numa empresa multinacional

Exemplo: *Onde ela mora?*
Mora em Moema?

1. _____
_____

2. _____
_____

3. _____
_____

4. _____
_____

5. _____
_____

6. _____
_____

7. _____
_____

12. Relacione as frases com as profissões das ilustrações ao lado.

1. Vou me divorciar; preciso de um (   ).

2. Estou com dor de dente; preciso de um (   ).

3. Quero aprender português; preciso de um (   ).

4. O carro quebrou; preciso de um (   ).

5. Por favor, (   ), traga a conta.

6. A pia está vazando; preciso de um (   ).

7. O sistema elétrico não funciona; preciso de um (   ).

8. Não me sinto bem; preciso de um (   ).

13. Todos os ADJETIVOS em negrito foram escritos nas FRASES ERRADAS. Você deve usar somente os adjetivos do exercício, colocando-os nas frases corretas.

1. Os funcionários estão muito **extrovertida,** pois recebem um **inteligente** salário.

2. Meu irmão mais velho tem 38 anos, mas ainda é **cansados**. Ele nem pensa em se casar.

3. Favor entregar estas **tímido** flores para minha esposa, neste endereço. Hoje é aniversário dela.

4. Eu estou **ótimo** há 6 anos e já tenho 2 filhos: um de 2 e um de 4 anos.

5. César é tão **casada,** que nem olha para as pessoas quando está falando com elas.

6. Júlia conversa com todos os seus colegas de classe e faz amizades muito facilmente. Ela é realmente uma pessoa bastante **lindas**.

7. Juca é, sem dúvida, um menino **solteiro**. Ele raramente estuda e sempre tira 9 e 10 nas provas de Matemática e Ciências.

8. Vamos ao cinema outro dia. Hoje estamos **felizes**. O dia de trabalho foi muito difícil!

14. Relacione os PRONOMES INTERROGATIVOS às suas frases correspondentes e encontre a resposta para cada pergunta. Veja o exemplo. Responda, também, às questões com suas informações.

A	B	C	Suas informações:
1. O que	( ) é seu aniversário?	( ) Adélia.	**1. Eu sou estudante.**
2. Quantos	( ) se chama sua esposa?	( ) Feijoada.	2. _____
3. Quando	( ) você é?	( ) De Belo Horizonte, MG.	3. _____
4. Como	(1) **você faz?**	(1) **Sou advogado.**	4. _____
5. Qual	( ) você trabalha?	( ) 15 de dezembro.	5. _____
6. Onde	( ) é seu prato favorito?	( ) 36.	6. _____
7. De onde	( ) anos você tem?	( ) Na NEC, em São Paulo.	7. _____

1. Relacione as expressões com os DIAS DA SEMANA e as HORAS em que seria mais provável ouvir as afirmações ou perguntas descritas abaixo.

1. Oi, como vai? Tudo bem? Tenha um bom dia!

2. Como foi o final de semana?

3. Bom descanso e até amanhã.

4. Até segunda. Bom fim de semana.

( ) Sexta-feira, por volta das 17h30.

( ) Segunda-feira, por volta das 9h15.

( ) Quinta-feira, por volta das 18h.

( ) Terça-feira, por volta das 8h da manhã.

2. Complete o quadro usando as expressões abaixo. A que horas você:

por volta
das/do/da

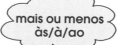
mais ou menos
às/à/ao

pontualmente
às/à/ao

	de 2ª a 6ª
1. levanta/acorda pela manhã?	
2. sai de casa para o trabalho/ escola?	
3. almoça?	
4. volta pra casa?	
5. se deita/dorme?	

3. Use os verbos do quadro e o PRONOME REFLEXIVO SE, para dizer o que estas pessoas fizeram antes de sair de casa.

beijar - vestir - abraçar - pentear - maquiar

1. _____ 2. _____ 3. _____

4. _____ 5. _____

4. Complete os espaços usando uma PREPOSIÇÃO ou uma PREPOSIÇÃO + um ARTIGO, quando necessário.

Lembre-se!

nascer em... - morar em... - trabalhar em... - precisar de...
passar por... - ir a... de... - gostar de... - interessar-se por... - falar de...
andar/viajar de... por... em... - dar trabalho a...

Atenção: a + a = à

1. Preciso _____ minha agenda eletrônica.

2. Moro _____ São Paulo.

3. Sempre viajo _____ minhas férias.

4. Meu chefe mora _____ das regiões mais caras de São Paulo.

5. Já fui _____ restaurantes de comida italiana onde a fila era quilométrica.

6. _____ amor de Deus, não se atrase.

7. Andei _____ toda a Avenida Paulista procurando um ponto de taxi, mas não encontrei.

8. Você vai _____ ônibus ou _____ pé?

9. Os alunos _____ escolas públicas não precisam pagar mensalidade.

10. Eu moro _____ apartamento alugado.

11. Meu filho caçula nasceu _____ dia 8 de setembro.

12. Meus pais comemoraram o dia _____ aniversário de casamento com uma festa _____ casa _____ fazenda.

13. Cuidado com os trombadinhas quando sair à noite e sozinho _____ ruas _____ cidade.

14. Tivemos que passar _____ caminhos difíceis da floresta até chegar _____ casa _____ Sr. Alfredo.

15. Gostei muito _____ convites que a gráfica preparou.

16. Este Fiat é _____ Armando e aquele Volks é _____ Mara. Ambos precisam _____ carro para trabalhar.

17. _____ fins _____ semana, eu normalmente viajo com amigos.

18. _____ sua viagem ao Rio de Janeiro, José ficou _____ hotéis baratos e só comeu _____ restaurantes simples, porém bons.

19. _____ primeira vez, consegui telefonar a todos os clientes _____ período _____ manhã.

20. Quase tudo estava dando certo quando eles meteram os pés _____ mãos e estragaram o plano.

21. Meu marido trabalha _____ empresa multinacional.

22. Meu filho se interessou _____ filha do chefe do meu marido.

23. Felizmente, meus subordinados nunca deram trabalho _____ gerentes de outras áreas.

24. Falaram _____ tudo na reunião, exceto _____ prioridades do dia.

25. Encontraram esta criança _____ rua sozinha, por isso a levaram _____ um orfanato.

5. Complete as frases com as CONJUNÇÕES indicadas. Observe que o sentido de cada oração vai ser diferente.

1. Não estudei para o teste...
a. porque _____
b. por isso _____
c. mas _____

2. Conheci lugares incríveis...
a. e _____
b. mas _____
c. por isso _____

3. Juca bateu seu carro...
a. porque _____

b. mas _____
c. por isso _____

4. Convidaram todos os vizinhos para a festa...
a. e _____
b. mas _____
c. por isso _____

5. Não fui ao trabalho anteontem...
a. porque _____
b. mas _____
c. e _____

6. Responda às perguntas e complete as frases usando as CONJUNÇÕES do quadro.

porque - mas - ou - nem - por isso - e

1. Sandra fala árabe ou italiano? (nenhum dos dois).
_____

2. Vamos ao cinema hoje à noite? (Hoje você não pode.)
_____

3. Por que você veio morar no Brasil?
_____

4. Você pode escolher: as aulas podem ser segunda _____ quarta _____ terça _____ quinta.

5. Estamos estudando português, _____ estamos falando melhor.

6. Não posso sair com você _____ na segunda _____ na terça. Só posso sair na quarta-feira.

7. Encontre, no quadro, o verbo adequado para completar o texto. Coloque o verbo o no PRETÉRITO PERFEITO.

viajar	ser	desembarcar
querer	pegar	poder
visitar	gostar	ir
comer	chegar	acontecer

Em dezembro, eu **(1)** para Salvador em férias. **(2)** o avião no aeroporto de Guarulhos e, após duas horas e quinze minutos de vôo, **(3)** lá. **(4)** vários pontos turísticos. **(5)** ao Pelourinho, à igreja de São Francisco e a outros tantos lugares.
(6) alguns pratos típicos.Que delícia! A temperatura estava alta: fazia mais de 37 graus à sombra. O calor

(7) motivo para muitas cervejas geladas.
(8) bastante da cidade e **(9)** ficar mais tempo, mas não **(10)** porque tive dificuldade em encontrar lugar em outro vôo. Quando **(11)** em São Paulo, meu irmão e eu conversamos sobre Salvador e contei a ele tudo o que **(12)** .

1. **viajei** _____   7. _____
2. _____   8. _____
3. _____   9. _____
4. _____   10. _____
5. _____   11. _____
6. _____   12. _____

8. Relacione as colunas formando questões e, em seguida, responda-as. Complete também o quadrinho com o verbo no PRETÉRITO PERFEITO.

1. O que vocês ( ) convidar [____]

2. Onde eles **(1) fazer** [**fizeram**]

3. Quem ( ) passar [____]

4. Porque o pedido ( ) chegar [____]

5. Quantos funcionários ( ) ir [____]

6. Quem você ( ) telefonar [____]

( ) as últimas férias?

( ) a São Paulo para o evento?

( ) só agora?

(1) ontem, após o serviço?

( ) pra mim esta manhã?

( ) para a festa de fim de ano?

RESPOSTAS:

Exemplo: *1. Ontem, após o serviço, fomos a uma choperia.*

2. _____ .
3. _____ .
4. _____ .
5. _____ .
6. _____ .

9. Circule a alternativa correta.

1. O Rei Luis (décimo-quarto/quatorze) reinou na França e era chamado de Rei-Sol.
2. O Papa João Paulo (dois/segundo) mora em Roma.
3. Meus pais deram uma grande festa para comemorar seu (trigésimo/trinta) aniversário de casamento.

4. Na página 20 (vigésima/vinte) do livro, há alguns verbos conjugadas no pretérito perfeito.
5. São (cinco/quinto) livros por (dez/décimo) reais.
6. Vá em frente e vire na (três/terceira) à esquerda.
7. Ele chegou em (um/primeiro) lugar e ganhou medalha de ouro.

8. Esta é a (quatro/quarta) vez que venho ao Brasil. E, nas (quatro/quartas) vezes, fiquei em São Paulo.

9. Os (três/terceiros) primeiros colocados receberam um bom prêmio em dinheiro.

10. Este já é o (seis/sexto) emprego de Alberto em apenas um ano.

10. Escreva o que você fez no domingo passado, usando algumas das EXPRESSÕES abaixo.

> primeiro - depois - e - e mais tarde - felizmente - então - finalmente

_____

_____

_____

_____

11. Complete as lacunas com os PRONOMES POSSESSIVOS: MEU, MINHA, MEUS, MINHAS, SEU, SUA, SEUS, SUAS, DELE, DELA, DELES, DELAS, NOSSO, NOSSA, NOSSOS, NOSSAS.

Outro dia, encontrei MEU álbum de formatura que não via há algum tempo. Estava no porão, dentro de uma caixa velha. Relembrei com saudades os velhos tempos, os amigos e os familiares! Esta é a Carlinha com (1) _____ vestido todo bordado. Ela foi (2) _____ primeira namorada. Namoramos por uns cinco meses e (3) _____ encontros foram todos na casa (4) _____, pois (5) _____ mãe nunca a deixou sair de casa pra namorar. Os irmãos (6) _____ estudaram comigo no ginásio e sempre tiveram muito ciúme de (7) _____ irmã Carlinha. Estes são (8) _____ amigos, os gêmeos Roberto e Alberto. Eu dificilmente acerto o nome (9) _____, pois são muito parecidos. Roberto já está casado e (10) _____ filhos já têm 10 e 12 anos. A esposa (11) _____ é dentista e (12) _____ consultório fica bem no centro da cidade. Estas são (13) _____ irmãs. Nós nos damos muito bem e (14) _____ brigas e discussões foram sempre passageiras. Elas são muito vaidosas e (15) _____ roupas e (16) _____ sapatos estão sempre na moda. Mamãe é costureira e, ainda hoje, costura para elas. Este, com o cabelo todo esquisito, sou eu, usando (17) _____ primeiro terno.

12. Exercite seu vocabulário, completando a cruzadinha.

1. Festa ou reunião de amigos onde se come muita carne, farofa, molho vinagrete com pão ou arroz.

2. Se hoje é quarta-feira, segunda-feira foi _____.

3. O que você fala ao atender o telefone.

4. Doce típico baiano feito com muito coco.

5. Meio de transporte marítimo.

6. Tipo de peixe típico do Brasil.

7. Estabelecimento público onde se registram imóveis.

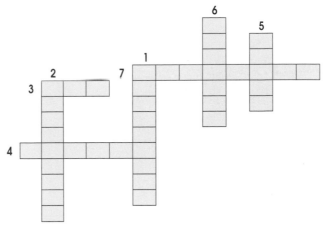

13. a. Leia o diálogo abaixo colocando o verbo no tempo adequado.

A: Qual (1) _____ (ser) o seu nome?

B: Adroaldo.

A: Quando e onde você (2) _____ (nascer)?

B: Eu (3) _____ (nascer) em 11 de junho de 1980 em Salvador, Bahia.

A: Quantos irmãos e irmãs você (4) _____ (ter)?

B: Nenhum, (5) _____ (ser) filho único.

A: Onde você (6) _____ (passar) sua infância?

B: Em Feira de Santana, na Bahia. Morei na chácara dos meus avós Adroaldo e Eva até os 11 anos.

A: Onde você (7) _____ (mora) atualmente?

B: (8) _____ (morar) em São Paulo, no Itaim.

A: Você (9) _____ (estudar) e/ou trabalha simplesmente?

B: (10) _____ (estudar) Educação Física e também (11) _____ (trabalhar); (12) _____ (dar) aulas particulares de tênis.

A: Você (13) _____ (ter) algum hobby?

B: (14) _____ (ter) vários. (15) _____ (adorar) skate e surf, entre outros.

b. Responda às perguntas de acordo com o diálogo acima.

1. Onde e quando Adroaldo nasceu?

_____

_____

2. Quantos irmãos e irmãs ele tem?

_____

_____

3. Onde ele morou até os 11 anos?

_____

_____

4. O que ele faz atualmente?

_____

_____

_____

5. Ele tem algum hobby?

_____

_____

_____

EXPRESSÕES IDIOMÁTICAS

Escolha a cor que completa cada expressão.

PRETO   ROXO   VERDE

AZUL   BRANCO   VERMELHO

1. Vamos almoçar! Estou _____ de fome!
2. Todos o aplaudiram, mas como ele é muito tímido, ficou _____ como um pimentão!

3. Esperei duas horas na fila e ninguém me atendeu. Fiquei _____ de raiva!
4. Negócios, negócios. Amizade à parte. Vamos registrar _____ no branco.
5. A: E aí? Tudo bem?
   B: Tudo _____ ! E você?
6. Nossa, que susto! Ficou _____ como o papel.

UNE, DUNE, TE, A ESCOLHIDA FOI VOCÊ!!!

Escreve-se com S ou Z?

1. trê___   5. jui___   9. empre___a   13. carta___

2. cri___e   6. Lu___   10. avi___o   14. análi___e

3. velo___   7. atravé___   11. pra___o   15. a___ar

4. rodí___io 8. fu___ão   12. pra___er

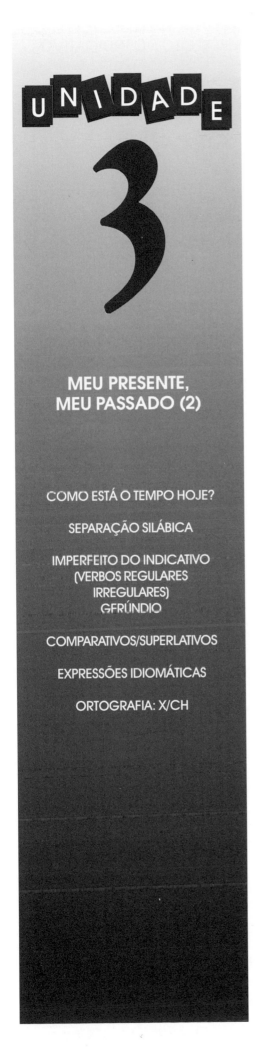

**MEU PRESENTE,
MEU PASSADO (2)**

COMO ESTÁ O TEMPO HOJE?

SEPARAÇÃO SILÁBICA

IMPERFEITO DO INDICATIVO
(VERBOS REGULARES
IRREGULARES)
GERÚNDIO

COMPARATIVOS/SUPERLATIVOS

EXPRESSÕES IDIOMÁTICAS

ORTOGRAFIA: X/CH

1. Observe as figuras e escreva.

a. o que cada pessoa está dizendo.
b. como está o tempo hoje.

1.

a. _____
b. _____

2.

a. _____
b. _____

3.

a. _____
b. _____

4.

a. _____
b. _____

5.

a. _____
b. _____

2. Separe as sílabas das palavras abaixo e escolha 10 para escrever, em seu caderno, uma frase em que o significado de cada palavra esteja claramente entendido.

Exemplo: *ab-so-lu-to – O espetáculo foi um sucesso absoluto. Todos gostaram muito e não houve crítica alguma.*

1. tronco _____
2. ouro _____
3. guarani _____
4. assassinato _____
5. ascender _____
6. globalização _____
7. quadruplicar _____
8. pechincha _____
9. crescimento _____
10. tecnologia _____
11. bacalhau _____
12. queda _____
13. glicose _____
14. absoluto _____
15. carroça _____
16. excursão _____

3. FASES DA LUA -Você é supersticioso? Relacione as figuras com as superstições abaixo.

Dizem que, se você cortar o cabelo na lua..., ele...

nova

crescente

1. ( ) cresce mais rápido

2. ( ) aumenta o volume

minguante

cheia

3. ( ) diminui o volume

4. ( ) demora a crescer

4. a. Complete os espaços com as palavras abaixo.

> **mal jeito - amigos - resfriadinho agitado - adolescentes**

Ontem foi o dia mais (1) _____ da vida da Dona Nena. Seus dois filhos (2) _____ resolveram trazer alguns (3) _____ pra casa pra jogar video-game. Sua filha mais velha deixou Carolina, a netinha mais nova, para a avó olhar, pois estava com um pouco de febre. Só um (4) _____ . E o esposo, Seu Lucas, não pôde ir trabalhar, pois deu (5) _____ nas costas enquanto dormia. Pra piorar, a empregada faltou!

b. Veja como foi o dia da Dona Nena. Complete com os verbos no PRETÉRITO IMPERFEITO.

Pela manhã, enquanto ela (1) _____ (fazer) o nenê dormir, seus filhos (2) _____ (jogar) video-game. Enquanto ela (3) _____ (arrumar) a casa, seu marido a (4) _____ (chamar) de 15 em 15 minutos, para lhe pedir alguma coisa. Enquanto a Dona Nena (5) _____ (dar) comida para o nenê, seus filhos (6) _____ (bagunçar) a cozinha fazendo algo pra comer.
À tarde, enquanto os filhos se (7) _____ (preparar) para ir à escola, seu marido (8) _____ (assistir) a um programa de TV no último volume, e o nenê não (9) _____ (conseguir) dormir.
À noite, enquanto todos (10) _____ (conversar), Dona Nena (11) _____ (dormia) como uma pedra.

5. Complete a história abaixo usando os verbos no PRESENTE, PRETÉRITO PERFEITO ou PRETÉRITO IMPERFEITO DO INDICATIVO.

Orlando (1) _____ (ser) um rapaz batalhador que **morava** (morar) na periferia da cidade. Todo dia ele (2) _____ (acordar) às 5h da manhã, (3) _____ (tomar) café, se (4) _____ (vestir) e (5) _____ (andar) até o ponto de ônibus. (6) _____ (esperar) na fila, e, quando o ônibus chegava, (7) _____ (ir) em pé, pois já (8) _____ (estar) lotado. (9) _____ (chegar) no trabalho às 8h e (10) _____ (sair) às 18h para ir à faculdade.
Ele só (11) _____ (voltar) pra casa às 23h. Depois que ele (12) _____ (terminar) a faculdade, (13) _____ (procurar) emprego, (14) _____ (enviar) vários currículos, (15) _____ (fazer) várias entrevistas. (16) _____ (acabar) encontrando serviço em uma firma multinacional.
Hoje ele (17) _____ (ser) gerente, (18) _____ (ter) muitos subordinados. (19) _____ (gostar) do emprego e, apesar de cansativo, ele (20) _____ (estar) sempre sorrindo e relembra com alegria como valeu a pena todo o esforço do passado.

6. Agora, escreva um pouco sobre você.

1. O que você fazia nas férias quando era mais jovem?

_____

_____

2. O que você fazia nos fins de semana, que já não faz mais com a mesma frequência?

_____

_____

3. Você já morou em outros países? Qual deles, até agora, foi o melhor para residir e trabalhar?

_____

_____

4. Descreva seu dia da semana mais ocupado e cansativo.

_____

_____

7. Compare qualquer cidade do mundo com a que você mora atualmente, usando o COMPARATIVO dos ADJETIVOS: *grande, pequeno, bom, mau/ruim* e cinco outros de sua escolha. Escreva sobre as pessoas, o trânsito, a comida, a vida noturna, as oportunidades de estudo, trabalho...

_____
_____
_____
_____
_____
_____
_____
_____

8. Ligue as colunas de modo a completar as frases. Use o SUPERLATIVO dos adjetivos entre parênteses.

> Exemplo: *A cidade do México é a mais populosa cidade do mundo.*

1. *A cidade do México é*   (   ) (bom) _____ sistema de transporte coletivo do Brasil.

2. O Brasil é   (   ) (ruim) _____ problemas das metrópoles é a violência urbana.

3. A Amazônia tem   (   ) (grande) _____ colônia japonesa fora do Japão.

4. Curitiba tem   (   ) (pequena) _____ densidade populacional do Brasil.

5. São Paulo tem   (   ) (grande) _____ país da América Latina.

6. Um dos   (1) (populosa) *a mais populosa cidade do mundo.*

9. Usando "mais...do que", "menos...do que" ou "tão...quanto", complete as frases abaixo. Use os adjetivos e as informações abaixo.

| instrutivo • bom • bonita |
| famosa • seguro • poluído |
| fácil • difícil |
| agradável • divertido |
| ruim |

| em vídeo • o rio Tietê, em S.P. |
| Kim Bassinger • Madonna • numa casa |
| japonês • na praia •ler • falar ao |
| telefone com um estrangeiro |
| lavar a louça • de motocicleta |

> Exemplo: *Viajar é muito mais instrutivo do que ler.*

1. Ver um filme no cinema é _____
_____.

2. Julia Roberts é _____
_____.

3. Tina Turner é _____
_____.

4. Morar em apartamento é _____

5. O rio Tâmisa, em Londres, é _____
_____.

6. Estudar português é _____
_____
_____.

7. Falar em público é _____
_____.

8. Passar as férias no campo é _____
_____
_____.

9. Cozinhar é _____
_____.

10. Andar de avião _____
_____.

10. Veja os anúncios abaixo e responda V (verdadeiro) ou F (falso), corrigindo as informações falsas.

ANGRA DOS REIS - PORTO AQUARIUS CENTRO NÁUTICO
Pacote promocional de fim de semana, (sexta, sábado e domingo): piscinas, sauna seca e a vapor, bar, restaurante, salão de jogos, playground, marina, passeio de saveiro. Acomodações com Ar, TV, telefone, varanda c/ vista p/ mar. Incluindo pensão completa: café da manhã e jantar.   CASAL R$ 202,00

BÚZIOS - POUSADA GAMMEL DANSE
Pacote sensacional de fim de semana (sexta, sábado e domingo). Apartamento com ar, TV, frigobar, varanda, piscina, sauna, churrasqueira, etc. Incluindo almoço e passeio de saveiro pelas ilhas e praias de Búzios.
                                                                 CASAL R$ 203,00

ILHA GRANDE - Praia de Palmas, Hotel Paraíso do Sol
Pacote imperdível de fim de semana (sexta, sábado e domingo). Incluindo café da manhã, almoço e jantar. Passeio de Saveiro pelas melhores praias de Ilha Grande R$ 35,00.
CASAL R$ 203,00   Paraíso da Costa Verde

PENEDO - HOTEL DA CACHOEIRA
Pacote promocional de fim de semana (sexta, sábado e domingo). Chalé Vip c/ lareira, hidro, TV, vídeo, frigobar e ar-condicionado. Incluindo almoço e passeio pelas cachoeiras de Penedo e Itatiaia.
                                                                 CASAL R$ 245,00

---

1. ( ) O Hotel Porto Aquarius é bem mais barato do que os outros, pelas condições que oferece.
2. ( ) O Hotel Paraíso oferece melhores opções de lazer, dentro e fora do hotel, do que os outros.
3. ( ) Tanto o Hotel da Cachoeira quanto o Porto Aquarius oferecem a mesma quantidade de refeições.
4. ( ) O pacote do Hotel Cachoeira inclui mais dias do que os outros hotéis.

5. Qual dos hotéis você escolheria para passar suas férias ou um final de semana? Por quê?

_____
_____
_____
_____
_____
_____

11. Qual é o estado civil de quem:

1. jamais se casou.
_____

2. tem esposa/marido.
_____

3. o marido/a esposa faleceu.
_____

4. se separou do marido/da esposa.
_____

12. Responda às perguntas.

1. Quais, na sua opinião, são os esportes mais perigosos de se praticar?
_____
_____

2. Qual era, na sua infância, a brincadeira mais popular entre as crianças?
_____
_____

3. A que lugares você costumava ir com maior freqüência, quando era criança?
_____
_____

4. Há algum estabelecimento na sua vizinhança que aborrece você e sua família por causa do barulho?

13. Luís e Carla resolveram dar um jeito na casa, pois alguns amigos estão vindo para jantar hoje à noite. Eles precisam terminar o mais rápido possível, por isso estão fazendo mil coisas ao mesmo tempo. Veja as ilustrações e escreva o que cada um ESTÁ FAZENDO AGORA.

Luís

_____
_____
_____
_____
_____
_____
_____

Carla

_____
_____
_____
_____
_____
_____
_____
_____
_____
_____

14. Faça perguntas para as respostas abaixo.

1. _____,
Eu brincava muito de esconde-esconde.

2. _____,
Desculpe, fui eu.

3. _____,
Não. No Nordeste o tempo é mais quente.

4. _____,
Passei o dia inteiro no shopping fazendo compras.

5. _____,
Sim, estamos gostando muito.

6. _____,
Estou terminando de preparar o almoço.

7. _____,
Você também notou? Ele anda mesmo meio esquisito.

8. _____,
Às vezes eu leio revistas ou assisto a uma boa comédia.

9. _____,
Por volta das 6 horas da tarde.

10. _____,
Sim, já estivemos na Suíça, no Canadá e nos EUA.

EXPRESSÕES IDIOMÁTICAS

Complete as frases adequadamente de acordo com as figuras. Explique em outras palavras o sentido das orações abaixo.

1. Aquele goleiro só toma !
_____

2. Ele ainda é muito novinho, não leve a sério, ele
é _____.

3. Nossa! Que aquele rapaz que
acabou de entrar _____.

4. Não agüento mais ouvir essa mulher. Ela fala pra

5. Por que você é quem sempre fica com o

_____ ?

UNE, DUNE, TE, A ESCOLHIDA FOI VOCÊ!!!

Escreve-se com X ou CH?

1. me___er	6. li___o	11. ve___ame
2. pe___in___a	7. lu___o	12. fa___acha
3. rela___ar	8. fa___ina	13. be___iga
4. ___ícara	9. ma___ucar	14. ca___imbo
5. bo___e___a	10. ___ereta	

UNIDADE

4

MEU FUTURO

SÍLABAS TÔNICA E ÁTONA

PONTUAÇÕES

FUTURO SIMPLES DO INDICATIVO

CORTES DE CABELO

EXPRESSÕES IDIOMÁTICAS

ORTOGRAFIA: E/I

REVISÃO

PRESENTE, PERFEITO E IMPERFEITO DO INDICATIVO

ADVÉRBIO DE FREQÜÊNCIA

1. Você acaba de comprar à vista uma televisão nas Lojas Ponto Quente Eletrodomésticos Ltda., no valor de R$ 869,73. Preencha o cheque abaixo. Para sua maior garantia, não se esqueça de cruzá-lo.

2. Separe as SÍLABAS e sublinhe a SÍLABA TÔNICA das palavras abaixo.

Exemplo: *brasileiro* ➜ *bra-si-lei-ro*

1. reunião
2. faculdade
3. obrigado
4. carnaval
5. estudante
6. quente
7. telefone
8. metrô
9. apartamento
10. computador
11. sala
12. esposa
13. marido
14. casa
15. jantar
16. escritório
17. profissão

3. O que acontecerá com você e sua família nos próximos dois anos? Faça previsões quanto ao que está escrito no quadro abaixo.

família - moradia - trabalho
filhos - viagens - saúde
dinheiro - vida afetiva - realizações pessoais

Exemplo: *Eu e minha esposa vamos ter mais um filho.*

4. Faça frases usando os ADVÉRBIOS DE FREQÜÊNCIA que estão no quadro. A frase seguinte deve sempre começar com MAS, como no exemplo.

> sempre - geralmente - normalmente - às vezes - de vez em quando
> poucas vezes - raramente - dificilmente - nunca - jamais

Exemplo: *(ir) táxi para o escritório.*
Eu dificilmente vou de táxi para o escritório, mas meu marido sempre vai.

1. (almoçar) em casa

2. (ter) reuniões após o expediente

3. (viajar) nas férias

4. (escrever) para amigos ou familiares

5. (alugar) filmes na vídeo locadora

6. (chegar) atrasado a compromissos

7. (fazer) um cruzeiro

8. (tomar) banho de mar ou de piscina à noite

9. (esquecer) o aniversário da esposa/marido

5. Veja como a agenda de Júlia está lotada. Ela é secretária do Sr. Sousa, diretor da K & K. Agora é meio-dia e meia. Escreva o que ela já fez e o que ainda vai fazer hoje.

6 Terça	**Maio**
8:30 – Providenciar retroprojetor/transparências p/ reunião.	12:30 – Almoço.
9:00 – Recepcionar participantes da reunião.	14:30 – Participar da reunião/material gráfico.
10:00 – Verificar coffee break.	15:00 – Enviar malote bancário.
10:30 – Providenciar limpeza/coffee break.	15:30 – Telefonar dentista/desmarcar consulta.
	17:00 – Elaborar previsão de despesas anuais.
	18:45 – Aula de natação.
11:30 – Confirmar reserva restaurante/participantes da reunião.	

6. Complete as frases com o VERBO no tempo correto. Use as preposições e os artigos adequados para fazer as contrações, quando necessário.

1. Eu _____ apartamento grande. (morar)
2. Quando vou trabalhar, _____ Avenida Paulista. (passar)
3. _____ ouvir _____ rádio os jogos de futebol. (gostar)
4. A reunião _____ sala de conferências, após o almoço. (ser)
5. Eu _____ maior sufoco! Estou atolado de trabalho. (estar)
6. Eles se _____ código de acesso? (lembrar)
7. Eu me _____ entradas do teatro no carro! Tenho que voltar para buscá-las. (esquecer)
8. Quando Sônia _____ criança , ela _____ _____ rua muito tranqüila. (ser/morar)
9. Quem se _____ nomes _____ três maiores pirâmides? (lembrar)
10. Nós sempre _____ cuidado. (dirigir)

7. Faça duas perguntas para cada uma das respostas abaixo, de acordo com as palavras grifadas.

Exemplo: *Os Sousas moram no interior de São Paulo há quatro anos.*
      ①   ②

1. *Onde os Sousas moram?*
2. *Há quanto tempo eles moram lá?*

A. Hoje em dia, Francisco bebe e fuma raramente
                                          ①
porque o médico proibiu.
      ②

1. _____
2. _____

B. Cláudia vai se casar com José em setembro.
                              ①   ②

1. _____
2. _____

C. Há dois meses Alberto foi promovido a gerente
      ①   ②
geral.

1. _____
2. _____

8. Preencha os espaços em branco colocando os VERBOS no tempo adequado.

1. No ano passado, eu _____ a estudar português. (começar)
2. Daqui a 3 meses, meu chefe _____ para a Alemanha. (viajar)
3. Os empregados desta empresa _____ que falar duas línguas estrangeiras. (ter)
4. Todos os fins de semana, meus vizinhos _____ à praia. (ir)
5. Quando eu _____ na faculdade, _____ Frederico. (estudar/conhecer)
6. Os noivos _____ da lua de mel no domingo que vem. (voltar)
7. Você já _____ o fax confirmando a reserva do hotel? (enviar)
8. Nós _____ assim que chegarmos em casa. (telefonar)
9. Ele _____ esperando o ônibus quando _____ a chover. (estar/começar)
10. Onde _____ as chaves que eu _____ aqui? (estar/colocar)

9. No caça-palavras, encontre quatro esportes e escreva com que freqüência você os pratica ou já praticou.

T	U	A	S	Y	Q	L	B	D	B	O
E	Z	J	B	O	D	V	A	M	E	H
N	A	T	A	Ç	Ã	O	S	A	I	T
I	V	L	S	W	F	L	Q	B	S	R
S	J	P	Q	C	V	I	U	D	E	G
Y	H	L	U	X	A	F	E	P	B	L
A	C	V	E	F	U	T	E	B	O	L
M	K	O	T	B	N	F	E	G	L	E
G	S	V	E	D	J	G	E	A	U	T

_____

_____

_____

_____

_____

10. Circule a alternativa correta.

1. Onde está o bolo que fiz de manhã?
   a. Todos comerão. Estava uma delícia!
   b. Todos comeram. Estava uma delícia!

2. a. Vocês iram viajar na Semana Santa?
   b. Vocês irão viajar na Semana Santa?

3. a. Se a inflação aumentar, os salários subirão?
   b. Se a inflação aumentar, os salários subiram?

4. a. No carnaval do ano passado, as escolas de samba do Rio de Janeiro narrarão a história da cidade.
   b. No carnaval do ano passado, as escolas de samba do Rio de Janeiro narraram a história da cidade.

5. a. Os funcionários da Metalúrgica Soteropolitana estão em greve porque cortarão a cesta básica.
   b. Os funcionários da Metalúrgica Soteropolitana estão em greve porque cortaram a cesta básica.

6. a. As crianças não dormirão bem a noite anterior por causa do calor.
   b. As crianças não dormiram bem a noite anterior por causa do calor.

7. a. Márcio e Sílvia beberão todo o champagne ontem à noite?
   b. Márcio e Sílvia beberam todo o champagne ontem à noite?

8. a. Elas viajarão para o Pantanal no próximo feriado.
   b. Elas viajaram para o Pantanal no próximo feriado.

9. a. Os vizinhos estavam discutindo e, lá pelas tantas, começarão a se xingar.
   b. Os vizinhos estavam discutindo e, lá pelas tantas, começaram a se xingar.

10. a. Eu cozinhei e eles lavarão os pratos.
   b. Eu cozinhei e eles lavaram os pratos.

11. Coloque a PONTUAÇÃO adequada.

Pelo alto-falante num shopping center.

A: Atenção proprietário do carro placa JNZ 8951 Favor comparecer ao estacionamento

(Minutos depois)

B: Boa tarde sou o proprietária do carro

A: Como é o seu nome

B: Francisco Pereira

A: Sr. Francisco o seu carro está com o pneu furado

B: Será que alguém pode trocar o pneu pra mim

A: Claro Vou chamar o rapaz pelo interfone

B: Quanto custa o serviço

A: É com ou sem câmera

B: Sem

A: R$ 15,00

B: Puxa que caro Será que dá pra fazer um abatimento

A: Infelizmente não posso fazer nada O preço é tabelado e o rapaz tem que levar o pneu à borracharia

12. Você é o cabelereiro num salão de beleza muito bem conceituado da cidade. Tente adivinhar o que cada pessoa vai precisar fazer, antes mesmo que elas peçam. O Psiu da p. 36 de *Bem-Vindo!* vai ajudá-lo com o vocabulário.

Alguns tipos/cortes de cabelo:
chanel - tipo seco
máquina zero - repicado
rastafari - com franja

Capriche, que vou ser madrinha de casamento!

Figura 1

_____
_____
_____
_____
_____
_____

Quero mudar pra valer!

Figura 2

_____
_____
_____
_____
_____
_____
_____
_____

Começo a trabalhar amanhã!

Figura 3

_____
_____
_____
_____
_____
_____
_____

EXPRESSÕES IDIOMÁTICAS

Complete as orações com o nome do animal que está faltando.

> **boi - cachorro - cobra**
> **macaco - gato - cavalo**

1. Pare de gracinhas. Não vê que estou superocupado. Não me aborreça!
   Vá pentear _____.

2. Cuidado com os comentários maldosos daquele rapaz.
   Ele é pior do que _____.

3. Não consegui estudar na biblioteca, pois tinha uma pessoa ao meu lado que falava pra _____. Não parou de reclamar um segundo sequer.

4. Olhem, meninas! Vejam que _____ acabou de sair daquele elevador. Ah! O homem dos meus sonhos!

5. Não venha com essa conversa fiada. Não dá pra acreditar. Isso é história pra _____ dormir.

6. Que horror! Comendo feito um _____ você não vai conseguir emagrecer nunca.

UNE, DUNE, TE, A ESCOLHIDA FOI VOCÊ!!!

Escreve-se com E ou I?

1. ant__ontem
2. camp__ão
3. crân__o
4. requ__s__to
5. d__sent__ria
6. esqu__sito
7. pr__v__légio
8. mer__t__ss__mo
9. merc__aria
10. emp__cilho
11. pal__tó
12. cad__ado
13. p__nico
14. p__r__quito
15. art__f__c__o

UNIDADE 5

MINHAS EXPECTATIVAS

PESOS E MEDIDAS

ACENTUAÇÃO

PRESENTE E FUTURO DO SUBJUNTIVO

PRONOMES PESSOAIS OBLÍQUOS

EXPRESSÕES IDIOMÁTICAS

ORTOGRAFIA: G/J

REVISÃO

PRESENTE E PRETÉRITO PERFEITO DO INDICATIVO

---

1. Relacione as informações no quadro, utilizando os símbolos apresentados.

Os netos da dona Júlia não vêem a hora de começar a festa. Mas ainda é cedo! A vovó coruja saiu agora para as compras e os netos estão na torcida!!!!

Podem variar		Devem combinar	
1. Exemplo: ▲	a	1	7
2			
3.			
4.			
5.			
6.			
7.			
8.			
9.			
10.			

> **Exemplo:** *Tomara que ela traga litros e litros de groselha para a raspadinha.*

A
▲ Tomara que
■ Espero que
● Duvido que

B
a. ela traga
b. ela compre
c. ela não se esqueça de
d. ela não se lembre de trazer

C
1. litros e litros de
2. quilos e quilos de
3. pacotes e pacotes
4. latas e latas de
5. dúzias e dúzias de
6. cachos e cachos de
7. caixas e caixas de
8. maços e maços de
9. pés e pés de
10. metros e metros de

D
1. uvas verdes para a sobremesa
2. alface para enfeitar os rocamboles nas travessas
3. salsicha para os cachorros-quentes
4. escarola para as pizzas
5. chicletes para a bexiga gigante
6. leite condensado para os brigadeiros e beijinhos
7. groselha para a raspadinha
8. bandeirinhas para decorar o salão
9. refrigerantes em lata para a garotada
10. limões para a deliciosa limonada

2. Foram retirados todos os ACENTOS das palavras dos textos abaixo. Acentue quando necessário, usando também o trema (··) e o til (~).

Eles deram vida ao Jarbas

1. Os estudantes Albert Deweik, de 20 anos, e Roy Nasser, de 15, de Sao Paulo, tinham um conhecimento limitado sobre a Internet quando resolveram criar um endereço de busca. Começaram por vasculhar a rede a procura de informaçoes e de programas que os ajudassem a montar a pagina. O resultado foi o Jarbas (HYPERLINK http://www.jarbas.com.br ´ www.jarbas.com.br), batizado com esse nome em homenagem ao mordomo das historias em quadrinhos. Como ja aconteceu outras vezes no mundo da Internet, a pagina que surgiu como uma brincadeira evoluiu e atraiu trafego suficiente para convencer algumas empresas a colocar anuncios no Jarbas. O dinheiro que entrou ja foi suficiente para fazer os dois rapazes sonharem em ter uma empresa virtual no futuro. Albert, no momento, passa uma temporada de estudos em Londres. Faz cursos na area de comercio eletronico.

*(Fonte: texto extraído de **Veja Vida Digital**, Abril/2000)*

2. Que tal fazer reservas de hoteis, voos, contratar serviços de operadoras de mergulho, alugar carros e todos aqueles detalhes que nos dao dor de cabeça em uma viagem, sem sair de casa e, o melhor, em qualquer parte do mundo? Essa e a proposta da agencia virtual da Aquatrip. Via internet, atraves do site HYPERLINK http://www.aquatrip.com ´ www.aquatrip.com, voce tem uma lista completa de serviços, informaçoes e links, permitindo ao mergulhador planejar a viagem sem intermediarios ou, ainda, comparar preços e escolher os serviços que mais se adaptam ao seu roteiro.

*(Fonte: texto extraído de **Mergulho**, ano III, Número 37)*

3. "Nao aguento mais esta vida tranquila e saudavel demais! Quero ouvir os sons da bateria, beber guarana, comer linguiça no churrasco do vizinho e ficar preso no transito frequente da Avenida Paulista."

3. Use as EXPRESSÕES do quadro para se referir a cada uma das situações abaixo.

> **Tomara que - Espero que**
> **Pena que... - Desejo que...**
> **Duvido que... - Talvez...**

Exemplo: *Tomara que não chova!*

1.

_____
_____
_____
_____
_____

2.

Exemplo: *Espero que ele chegue a tempo para a entrevista.*

_____
_____
_____

3.

Exemplo: *Desejo que eles sejam muito felizes.*

_____
_____
_____

4. Relacione as colunas, empregando corretamente o PRESENTE DO SUBJUNTIVO dos verbos em destaque.

1. É verdade? É melhor que... ( )

2. Ainda não trouxeram sua encomenda? Espero que... ( )

3. Você não fez a lição? É bom que... ( )

4. Ele não entendeu o texto? É melhor que... ( )

5. Vocês não conhecem o Sr. Brás? É bom que... ( )

6. Ela veio acompanhada? Espero que não... ( )

a. ESTAR sozinha. _____

b. SER mentira. _____

c. vocês SABER, pelo menos, que ele é o presidente da empresa. _____

d. VOLTAR logo. _____

e. o LER mais atentamente. _____

f. a FAZER para amanhã. _____

g. a TRAZER o mais rápido possível. _____

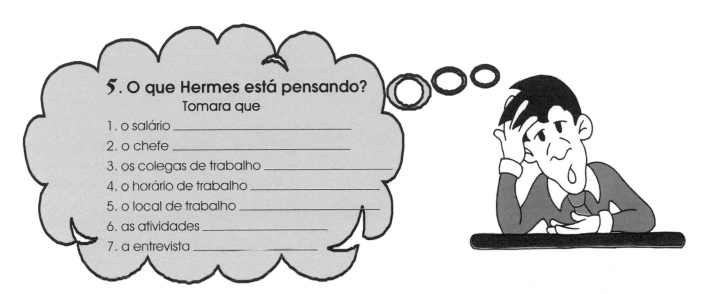

5. O que Hermes está pensando?
Tomara que

1. o salário _____
2. o chefe _____
3. os colegas de trabalho _____
4. o horário de trabalho _____
5. o local de trabalho _____
6. as atividades _____
7. a entrevista _____

6. Com base nas informações das previsões astrológicas, faça previsões para o futuro de alguns dos signos.

ÁRIES – Como vai passar mais tempo em casa, trate de fazer as pazes com a família. Novidades no setor afetivo: entre as pessoas que você conheceu nesse primeiro semestre, uma pessoa especial vai se aproximar.

Exemplo: *QUANDO você fizer as pazes com sua família, você vai ter (ou terá) uma surpresa incrível. SE você der atenção a essa pessoa especial, você vai se apaixonar por ela e se casar.*

ÁRIES

TOURO – Clima tenso com os amigos; portanto, todo cuidado é pouco. Evite ser precipitado e dar sua opinião antes que alguém a peça. Boa fase para dar uma mudada no visual, investindo em roupas mais modernas.

1. QUANDO _____
2. SE _____

GÊMEOS – Começa aquela fase do ano em que você prefere ficar sozinho, fazendo planos. A saúde, que andava meio complicada, vai se recuperando também. Assim que a energia voltar, nada de exagerar de novo.

3. QUANDO _____
4. SE _____

CÂNCER – Adeus, timidez! Você está com pique para sair e conhecer gente nova. Mas não descuide da família, que anda carente da sua atenção. Procure controlar seu dinheiro melhor e gastar apenas com o necessário.

5. QUANDO _____
6. SE _____

LEÃO – O sol está brilhando em todos os setores da sua vida, principalmente em casa, no relacionamento com a família. Mais comunicativo no trabalho, todos vão prestar atenção em dobro em você.

7. QUANDO _____
8. SE _____

VIRGEM – Entra aquela fase do ano em que sua energia fica no estoque zero e você não tem nenhuma vontade de colocar os pés para fora de casa. Mas faça um esforço, pois tem muita gente interessada em você e no seu trabalho.

9. QUANDO _____
10. SE _____

LIBRA – Não vai ser nada fácil se relacionar com você neste mês. Super crítico e exigente, só mesmo quem lhe conhece há muito tempo para ter paciência. Ficar em casa só vai aumentar o mau humor.

11. QUANDO _____
12. SE _____

ESCORPIÃO – Saúde e energia excelentes. Só assim mesmo para agüentar o pique do dia-a-dia no serviço e no lar. Possibilidades de atrito com pessoas mais velhas do que você.

13. QUANDO _____
14. SE _____

SAGITÁRIO – Comece a prestar mais atenção às oportunidades que estão à sua volta. Isso se aplica tanto a novos relacionamentos como a novos cursos em que você poderá aprender coisas diferentes.

15. QUANDO _____
16. SE _____

CAPRICÓRNIO – Você está com a corda toda, cheio de energia e carisma. Mesmo assim, as coisas vão meio devagar nos assuntos do coração. O problema é que seu excesso de sinceridade está afugentando as(os) pretendentes.

17. QUANDO _____
18. SE _____

AQUÁRIO – Normalmente você já é uma pessoa preocupada com o bem-estar do seu semelhante, mas, neste mês, está especialmente humanista. Seus amigos vão correr para sua casa, querendo seu ombro amigo.

19. QUANDO _____
20. SE _____

PEIXES – Chegou a hora de resolver antigas mágoas e fazer as pazes com aquelas pessoas importantes na sua vida, mas que, por alguma razão, estão afastadas. O clima no serviço pode estar muito competitivo.

21. QUANDO _____
22. SE _____

*(Fonte: texto adaptado do Encarte **Capricho 2000** – Guia de Signos)*

---

7. Responda polidamente a seu chefe, usando os PRONOMES PESSOAIS OBLÍQUOS: o, a, os, as, -lo, -la, -los, -las, lhe, lhes.

Exemplo: *Você viu o Sr. Chaves hoje? Eu não o vi, mas posso procurá-lo, se o senhor quiser.*

1. Você pode chamar o Ricardo e a Sra. Ana agora mesmo?
_____

2. Por que você não convidou o novo engenheiro para a reunião?
_____

3. Você já telefonou para a Sra. Odete da FTR?
_____

4. Por que você ainda não respondeu meu e-mail?
_____

5. Onde posso encontrar os Sousas?
_____

6. Por que você ainda não enviou estes documentos ao escritório central?
_____

7. Você pode dar uma atenção especial à Sra. Júlia e ao Sr. Dalmo?
_____

8. Por que você ainda não mostrou aos auditores o último relatório de finanças?
_____

9. Você poderia, por favor, deixar esta carta no correio na sua hora de almoço?
_____

10. Uma última coisa para você fazer antes do almoço. Encontre, no arquivo morto, as notas fiscais de 1985 da Empresa Affirmative, para os auditores.
_____
_____

8. Complete as frases com o VERBO ESTAR no tempo adequado e relacione-as à coluna ao lado.

1. (1) _____ mortos de fome, por isso...
2. Mesmo que você (2) _____ sem paciência...
3. Ele pensa que (3) _____ sempre certo e...
4. (4) _____ com muita sede, por isso...
5. Nossa! (5) _____ com uma dor de cabeça daquelas, por isso...
6. Nós (6) _____ com calor.
7. Nós (7) _____ com tanto frio ontem à noite que...

( ) nem sempre percebe as próprias falhas.
( ) Será que você poderia ligar o ar-condicionado?
( ) foram almoçar antes do meio-dia.
( ) acendemos a lareira para aquecer a sala
( ) tem que esperar sua vez para ser atendido sem furar a fila.
( ) vou que tomar um remédio agora mesmo!
( ) bebi quase um litro d'água!

9. Complete os diálogos abaixo com os VERBOS entre parênteses, colocando-os no TEMPO adequado. Diga em que tipo de estabelecimento é provável que estes produtos sejam encontrados.

A. Por favor, você (1) _____ (ter) antibiótico?
B. (2) _____ (ter), mas só (3) _____ (vender) com receita médica.
A. Mas eu (4) _____ (comprar) na semana passada na farmácia perto da minha casa e a balconista não (5) _____ (pedir) nenhuma receita!
B. Aqui nós (6) _____ (pedir); não (7) _____ (poder) vender antibióticos sem receita. Sinto muito!

Estabelecimento: _____

A. (8) _____ ajudar?
B. (9) _____. (poder) Eu ganhei esta sandália de presente de aniversário, mas (10) _____ (ficar) pequena. Você (11) _____ (ter) um número maior?
A. (12) _____ (ter), mas só em preto ou bege. A marrom já (13) _____ (acabar).
B. Mas eu (14) _____ (precisar) de uma na cor marrom!
A. Por que a senhora não escolhe outro modelo?
B. Boa idéia!

Estabelecimento: _____

A Meu marido (15) _____ (comprar) este ferro elétrico a vapor nesta loja, mas o vapor não está funcionando.
B. A senhora (16) _____ (trazer) a nota fiscal?
A. Ai, meu Deus! (17) _____ (esquecer) a nota em casa!
B. Sinto muito, mas só (18) _____ (poder) trocá-lo com a nota.
A. Eu (19) _____ (saber). (20) _____ (voltar) amanhã.

Estabelecimento: _____

EXPRESSÕES IDIOMÁTICAS

Relacione as colunas.

1. Droga!
2. Nossa!
3. Puxa vida!
4. Mas que coisa!
5. Legal!

a. ( ) Que avião!
b. ( ) Não me diga que ... aprontou de novo!
c. ( ) Hoje estou novinha em folha!
d. ( ) Ele deu o cano!
e. ( ) Você só me traz pepinos!

( ) Não apareceu.
( ) Arranja problemas.
( ) Mulherão!
( ) Muito bem. Estou descansada!
( ) fez algo errado outra vez.

UNE, DUNE, TE, A ESCOLHIDA FOI VOCÊ!!!

Escreve-se com G ou J?

1. gor__eta
2. su__estão
3. estran__eiro
4. sar__ento
5. tra__e
6. __ibóia
7. ti__ela
8. __eada
9. __íria
10. berin__ela
11. ma__estade
12. __eito
13. li__eiro
14. __en__iva
15. can__ica

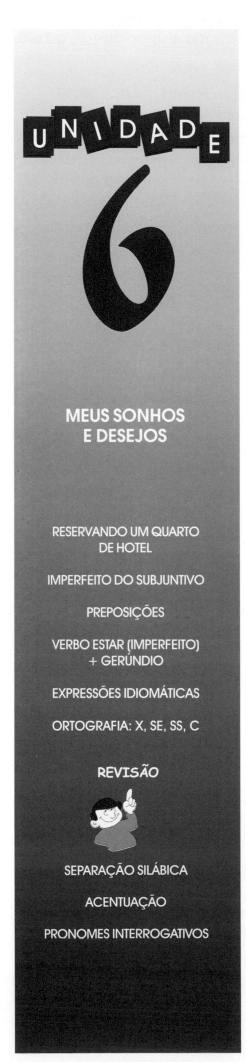

1. Daniel vai viajar para Fortaleza e precisa fazer a reserva num hotel. Elabore um diálogo entre Daniel e a recepcionista do hotel, usando as informações abaixo.

> reserva de um apartamento - período
> valor da diária - endereço do hotel
> horário do café-da-manhã – piscina
> distância da praia/centro da cidade
> ar-condicionado/ventilador

_____
_____
_____
_____
_____
_____
_____

2. Acentue as palavras abaixo quando necessário. Use também o trema (··) e o til (~).

1. alguem	11. item	21. oleo
2. algum	12. agilidade	22. conteudo
3. escritorio	13. sequestro	23. lucro
4. facil	14. Bagda	24. sutil
5. moço	15. video	25. ninguem
6. papel	16. infantil	26. nuvem
7. file (mignon)	17. tres	27. prototipo
8. Guarulhos	18. fe	28. navio
9. especie	19. quinquenio (= 5 anos)	29. xerox
10. especial	20. gratis	30. exito

3. Como no exemplo, escreva duas frases dizendo o que você faria se...

> **Exemplo:** *(falar cinco idiomas fluentemente)* <u>*Se eu falasse*</u> *cinco idiomas fluentemente,* <u>*eu não precisaria de um intérprete e teria, com certeza, um emprego melhor.*</u>

1. perder o passaporte dois dias antes de sua viagem ao exterior

———————————————————
———————————————————

2. chegar atrasado a uma reunião importantíssima com a diretoria

———————————————————
———————————————————

3. esquecer o endereço do seu hotel, ao retornar de um passeio pela cidade

———————————————————
———————————————————

4. precisar alugar um apartamento num país estrangeiro

———————————————————
———————————————————

5. contratar uma empregada/faxineira

———————————————————
———————————————————

6. matricular os filhos na escola num país estrangeiro

———————————————————
———————————————————

7. querer conhecer outras cidades brasileiras

———————————————————
———————————————————

8. ser aposentado

———————————————————
———————————————————

4. Você acaba de alugar um apartamento não mobiliado. O que você compraria, de imediato, para:

1. fazer as refeições

2. dormir

3. pendurar/guardar peças do vestuário

4. ouvir música
———————————————————

5. guardar livros
———————————————————

6. iluminar o ambiente
———————————————————

7. cozinhar
———————————————————

8. ver sua imagem refletida
———————————————————

9. assistir a filmes e noticiários
———————————————————

10. manter alimentos resfriados
———————————————————

11. as pessoas sentarem-se confortavelmente
———————————————————

12. retirar as impurezas da água
———————————————————

5. Se você fosse passar um fim de semana na praia, ou viajar a negócios, o que você levaria na sacola/mala?
Escreva (1) para praia e (2) para negócios e, abaixo de cada gravura, o nome do objeto/item.

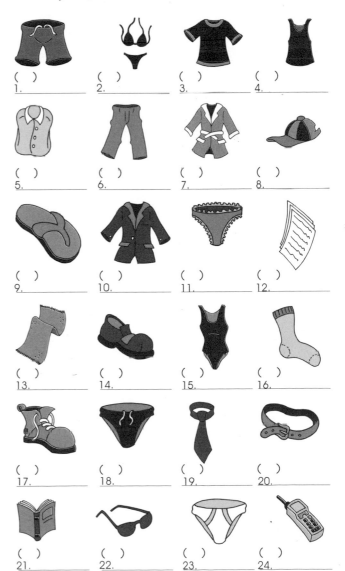

( ) 1.   ( ) 2.   ( ) 3.   ( ) 4.

( ) 5.   ( ) 6.   ( ) 7.   ( ) 8.

( ) 9.   ( ) 10.   ( ) 11.   ( ) 12.

( ) 13.   ( ) 14.   ( ) 15.   ( ) 16.

( ) 17.   ( ) 18.   ( ) 19.   ( ) 20.

( ) 21.   ( ) 22.   ( ) 23.   ( ) 24.

6. a. Complete as frases abaixo usando o IMPERFEITO DO SUBJUNTIVO.

Exemplo: *Nós passaríamos o carnaval no Rio se fosse barato.*

1. Telma viajaria para o Pantanal se _____

2. Os funcionários viriam trabalhar de metrô se _____

3. Eduardo depositaria o dinheiro na poupança se _____

4. Ela não o promoveria se _____

5. Pedro estaria a par do projeto se _____

6. Eu faria um trabalho voluntário se _____

7. Gustavo voaria de asa delta se _____

8. A taxa de desemprego não estaria tão alta se _____

9. O tráfego desta cidade não seria tão caótico se _____

b. Complete as frases abaixo usando o FUTURO DO PRETÉRITO.

Exemplo: *Se eu fosse solteira/casada, não poderia aceitar esse emprego, pois tenho que viajar muito.*

1. Se nós pudéssemos, _____

2. Se o português dele fosse melhor, _____

3. Se Francisco nos dissesse tudo o que sabe, _____

4. Se o Governo combatesse a sonegação, _____

5. Se eles economizassem mais, _____

6. Se o Brasil não fosse tão grande, _____

7. Se o custo de vida não fosse tão alto em São Paulo, _____

8. Se a seca do nordeste acabasse, _____

7. Beto está no intervalo de aula de um curso recém-iniciado e decide bater um papo com Diana, uma das garotas que fazem parte do grupo dele e que ele gostaria muito de conhecer. Continue o bate-papo entre os dois, fazendo perguntas com as palavras abaixo.

> **o que - quanto - onde - quantos**
> **quantas - qual - quando - como - quais**

Beto: Oi, eu sou o Beto. Estamos na mesma sala. Eu estou lá no fundão.

Diana: Oi, Beto. Meu nome é Diana, mas todos me chamam de Di. Eu vi quando você chegou, um pouco atrasado, e derrubou a carteira quase no pé do professor.

B: Puxa, você viu que mancada? E logo no primeiro dia de aula.

D: Mas esse professor parece ser legal!

B: _____

D: _____

_____

_____

_____

_____

_____

_____

34

8 . a. As atividades abaixo estavam acontecendo ao mesmo tempo. Descreva-as, como no exemplo.

> **Exemplo:** *Enquanto alguns estavam chegando, outros já estavam indo embora.*

2. Enquanto _____

_____

3. Enquanto _____

b. As atividades abaixo estavam acontecendo quando foram interrompidas. Descreva-as.

> **Exemplo:** *Estávamos conversando quando começou a chover.*

1.

_____

_____

_____

2.

_____

_____

_____

9 . Usando as EXPRESSÕES POPULARES abaixo, substitua adequadamente as palavras que estão entre parênteses no texto.

> bater papo - cair do cavalo
> cara-de-pau - dar o cano
> estar com dor-de-cotovelo
> ficar de cara amarrada
> pra chuchu

Fiquei de **(conversar)** (1) _____ com minha amiga Letícia na semana passada, mas ela **(não apareceu)** (2) _____.
Ela estava certa de que, quando nos encontrássemos, eu não estaria mais zangada com ela, mas ela **(se enganou)** (3) _____.
Quando nos vimos no restaurante, ela me disse, **(sem a menor cerimônia)** (4) _____, que havia esquecido o nosso compromisso. Eu fiquei **(aborrecida)** (5) _____ com ela e aproveitei a ocasião para dizer-lhe que tinha visto seu paquera saindo do cinema com Cristina. Ao saber disso, começou a me fazer muitas perguntas. Acho que está com **(ciúme)** (6) _____ porque ele preferiu convidar Cristina em vez dela. Você o conhece? Ele é **(muito)** rico (7) _____.

10 . Escreva sobre uma de suas férias respondendo às seguintes perguntas:

1. Quando e para onde você foi?
2. Com quem você foi?
3. Por que esse local foi escolhido?
4. Qual o meio de transporte utilizado?
5. Quanto tempo ficou?
6. O que você fez/visitou/comeu/bebeu?
7. O que você achou das férias?

_____

_____

_____

_____

_____

_____

11. Ordene as frases do texto, numerando-as.

Na mesma canoa...

1. ( ) abalar o mito do homem cordial e trazer para o presente o país do futuro.

2. ( ) estão em busca das mesmas reivindicações: educação, saúde e trabalho.

3. ( ) Querem transformar em realidade a retórica da democracia racial,

4. ( ) Depois de 500 anos do Descobrimento,

5. ( ) os poucos índios que sobraram para contar a história desejam uma integração maior.

6. ( ) Índios, negros e brancos que moldaram o caráter nacional,

*(Fonte: Texto extraído de "**Na mesma canoa**" de Lúcia Helena Rangel, revista Isto É/1592, 26/04/2000)*

12. Separe as sílabas das palavras sublinhadas.

Três em um

Ao longo da semana, (1) cresceram em todo mundo apostas e especulações de que o (2) governo dos EUA pretenderia pedir à Justiça a divisão da Microsoft em duas ou três companhias (3) distintas. Esta seria então a punição pelo (4) veredicto já (5) divulgado de que a (6) empresa de Bill Gates exerce, sim, a prática (7) monopolista de mercado.

Cada uma das novas "baby Bills" (filhotes da empresa-mãe), como já foram (8) apelidadas, ficaria com uma parte dos negócios. Uma, por (9) exemplo, cuidaria do sistema operacional Windows. A segunda, de utilitários como Word e o Office. E uma terceira ficaria (10) encarregada (11) exclusivamente dos produtos para a Internet. Os boatos, como não poderia deixar de ser, (12) derrubaram as ações da empresa. Mas não foram suficientes para tirar de Bill Gates a posição de homem mais rico do mundo. Mesmo tendo perdido perto de US$ 40 (13) bilhões em ações de sua companhia, o restante de sua (14) fortuna - US$ 60 bilhões, (15) investidos em outras áreas, ainda garante sua (16) liderança.

*(Fonte: texto extraído da revista **Isto É** 1596, 3/5/2000)*

Exemplo: (1) *cres-ce-ram*

2. _____
3. _____
4. _____
5. _____
6. _____
7. _____
8. _____
9. _____
10. _____
11. _____
12. _____
13. _____

14. _____
15. _____
16. _____

EXPRESSÕES IDIOMÁTICAS

a. Puxa vida! Vocês me pegaram de calça curta! Não tenho a resposta de imediato.

b. Ninguém mandou dar tanta liberdade. Agora ela já está colocando as manguinhas de fora!

c. Folgado é colarinho de palhaço!

d. Ele não pode ver um rabo-de-saia, que já sai correndo atrás.

O QUE SIGNIFICA CADA EXPRESSÃO SUBLINHADA?

1. mulher bonita ( )
2. desprevenido, sem aviso ( )
3. Ele é muito mais folgado do que você está dizendo. ( )
4. Abusando da confiança dada. ( )

UNE, DUNE, TÊ, A ESCOLHIDA FOI VOCÊ!!!

Escreve-se com X , SC, SS ou C?

1. con___iência
2. di___iplina
3. acré___imo
4. e___pansão
5. exce___ão
6. a___elerado
7. a___édio
8. fa___ículo
9. pró___imo
10. má___imo
11. ca___ino
12. a___ensão
13. a___inatura
14. a___obio
15. a___ustado
16. mer___enário

1. Encontre na cruzada a palavra referente ao que cada pessoa está descrevendo:

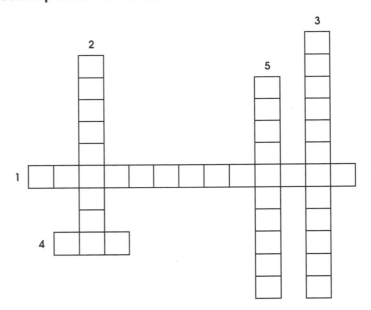

1. Eu o recebi quando minha irmã viajou para o Pantanal. A foto dele era linda. Ela escreveu que estava com saudades e que voltaria em três semanas.

2. Eu havia me esquecido do aniversário de minha melhor amiga. Só me lembrei no dia, já no final da tarde. Resolvi, então, enviar-lhe, de uma maneira bem rápida, uma mensagem de felicidades. Eu tinha somente o endereço dela, pois seu telefone havia mudado. Como consegui cumprimentá-la pelo seu aniversário?

3. Escrevi seis cartas para um programa de televisão para um concurso em que seriam sorteadas viagens. Todas elas voltaram. Esqueci-me de um detalhe muito importante: o endereço completo do...

4. Pedi que ele enviasse seu currículo diretamente para o escritório. Dei-lhe o número do telefone e o instruí a pedir o sinal e deixar um número para contato, pois ligaríamos para ele caso a cópia não estivesse legível.

5. Precisava ter certeza de que a carta chegaria ao seu destino correto e à pessoa certa, por isso paguei um pouco mais caro e optei por mandar uma carta...

2. Por economia de espaço, costuma-se abreviar muitas palavras em anúncios e telegramas. Escreva por extenso o que foi abreviado nos textos abaixo.

1. p/: _____
   pgto: _____
   desc.: _____
   3x s/j: _____
   q.q.: _____

REDES DE PROTEÇÃO
p/ janelas.
Pgto fácil, desc. 10% à vista / 3x s/j.
Cobrimos q.q. oferta.

2. Ch. 30/60: _____
   salg.: _____
   sand.: _____
   Entr.dom.: _____

DOCES E SALGADOS
Ch.30/60 ou 3x.
Salg, doce, bolos, sand. Metro.
Entr. dom.

3. constr.: _____
   prof.: _____
   estac.: _____
   pisc.: _____
   infra-estr.compl.: _____
   c/ ou s/ : _____

LOCAÇÃO DE ESPAÇO

1000m² de constr., som prof., 300 vagas estac., lago, pisc. infra-estr. compl., c/ ou s/ serviços de buffet.

4. pcte.: _____
   p/12 pes.: _____
   dorms.: _____
   churr.: _____
   c/ Sônia: _____
   F.: _____

TEMPORADA Praia de Pernambuco

pcte de férias 10 dias R$4.000 p/12 pes, 4 dorms., churr. C/ Sônia. F. 44429876.

5. Próx.: _____
   f.semana: _____
   c/3 ref/dia: _____
   120 km/SP: _____
   pg em 2x: _____

Pousada

Próx. ao mar. F. semana e férias c/ 3 ref/dia. 120 km/SP. Pg em **2x**.

6. Popul.: _____
   Pts.: _____
   C/Km: _____
   sem.: _____
   men.: _____
   C/C: _____

Alugam-se VEÍCULOS

popul. 2 e 4 pts R$**55**/dia c/Km livre, R$330/sem. e R$ 990/men. C/C Visa.

3. Responda às questões com um PRONOME INDEFINIDO do quadro abaixo. O mesmo pronome pode ser usado mais de uma vez. Use outros elementos para que sua resposta fique completa. Veja o exemplo.

Exemplo: *Você come muito? Sim, eu como <u>muita</u> massa e tomo <u>muito</u> refrigerante.*

bastante - muito - muita - muitos
muitas - qualquer - uns - umas
pouco - poucas - alguns - algumas
todo - todos - alguém - ninguém
nenhum - nenhuma - demais - vários
várias - diversos - diversas

1. Há quantos meses você está aprendendo português?
   _____

2. Você já conhece os alunos e professores da escola?
   _____

3. Quantas pessoas há na sua sala de aula?
   _____

4. Você sempre vai às aulas?
   _____

5. Quem está chamando você?
   _____

6. De que doces brasileiros você gosta?
   _____

7. Quem falou mal de você para o chefe?
   _____

8. Você estuda muito?

9. Num vôo, você prefere corredor ou janela?

10. Quanto custou aquele vinho que você trouxe de Portugal?
    _____

4. Rafael vai se mudar para o exterior e, por isso, precisa vender suas coisas. Use os PRONOMES DEMONSTRATIVOS para descrever tudo o que Rafael tem na sua sala. Atribua ADJETIVOS e preços aos objetos.

Exemplo: *Aquelas são cortinas de seda francesa. Elas custam 2.500 reais.*
Esta é minha estatueta preferida. Ela vale uns 480 reais.

_____
_____
_____
_____
_____
_____
_____

5. Como lidar com pessoas que você não suporta, mas com quem você é obrigado a conviver?

*(Fonte: texto adaptado da revista **Você s.a.**, fevereiro/2000)*

Coloque o verbo entre parênteses no IMPERATIVO e relacione as informações que serão boas dicas para seu relacionamento com o inimigo.

1. ( ) (parar)

2. ( ) (perder)

3. ( ) (ser)

4. ( ) (tentar)

5. ( ) (esclarecer)

a. _____ mudar de opinião sobre quem você não suporta. É difícil, mas talvez a tal criatura não seja assim tão intragável.

b. _____ de perder tempo reclamando. Isso piora a situação e compromete sua produtividade.

c. _____ a situação. A capacidade de fazer perguntas certeiras é fundamental para obter as respostas que você quer.

d. _____ franco. Estabeleça um diálogo honesto e construtivo.

e. _____ a cabeça. Todo mundo sabe que, quando um não quer, dois não brigam.

6. Viva bem e saudável!! Olhe as gravuras e escreva, em seu caderno, pelo menos, duas dicas para uma vida melhor.

*(Fonte: texto adaptado de **Vida e Saúde**, dezembro/1999)*

Exemplo: *Número 9 - Viva no presente. Festeje todos os bons momentos.*

1. 2. 3.

4. 5. 6.

7. 8. 9.

_____

_____

_____

7. Observe o mapa, complete as instruções para Jorge e Sandra. Ambos querem chegar ao restaurante chinês.

Jorge: _____ em frente até o primeiro farol e _____ à direita. _____ a padaria e _____ a ladeira do Ipê. O restaurante fica no fim da rua, à esquerda.

Sandra: _____

_____

_____

8. Substitua os Sinais de Trânsito por palavras e continue sua história.

Ontem eu, realmente, tive *um dia de cão*. Um policial me parou quando eu estava quase chegando em casa. Primeiro, ele me passou um sermão de umas duas horas: 'Onde a senhora vai com tanta pressa? Primeiro, a senhora (1.) ⊘ _____ , depois, quase atropelou um senhor, quando (2.) Ⓝ _____ . Logo em seguida, se livrou de um acidente, por um triz, quando não (3.) △ _____ e, pra piorar, entrou nesta rua residencial a mais de 80Km/h, sendo que (4.) ⑩ _____ ...' O guarda falou tanto, que imaginei que ele queria receber uma graninha por fora. Tomei coragem e disse: 'Seu guarda, se o senhor for me multar, multe logo, pois ainda tenho que pegar as crianças na escola e levar estas encomendas para minhas freguesas'. Aiaiai! O policial se enfezou: 'Eu não só vou multar a senhora, como vou apreender o seu veículo'. Aí, você pode imaginar o resto do meu dia. Eu tive que...

_____
_____
_____
_____
_____
_____
_____

9. Foram retiradas as formas de PLURAL das palavras ou frases em negrito do texto abaixo. CORRIJA o texto, reescrevendo-o em seu caderno.

É tempo de férias. O sintoma é percebido rapidamente. Na televisão, começa a pipocar a interminável reprise de filme infanto-juvenil, classificada como "Festival de Férias". A mãe começa a enlouquecer com o pequenino brincando freneticamente, de um lado para o outro. E o sossego acaba. Que tal, no entanto, tornar a coisa um pouco mais divertida e dividir com o garoto a emoção da viagem inesquecível?

(Fonte: texto adaptado de **Mergulho** ano III – n37)

10. Veja a lista de possíveis acontecimentos e decida se eles podem acontecer com você ou se dificilmente poderiam ocorrer. Para o primeiro caso, use o PRESENTE DO SUBJUNTIVO e para o segundo, use o PERFEITO DO SUBJUNTIVO, como no exemplo.

Exemplo: *Se / Quando eu for promovido, vou comprar um carro novo. (Acredito que isso possa acontecer comigo.) Se eu fosse promovido, compraria um carro novo. (Pode ser que isso aconteça, mas acho um pouco difícil.)*

1. ser promovido _____
_____

2. ser demitido _____
_____

3. falar um outro idioma fluentemente _____

4. mudar-se para o exterior _____

5. começar seu próprio negócio _____

6. ganhar um milhão de reais _____
_____

7. comprar uma casa nova no campo _____
_____

8. ficar preso num elevador _____

9. seu chefe lhe convidar para jantar na casa dele
_____

10. chegar em casa, antes das 19h, numa segunda-feira _____
_____
_____

11. Complete o diálogo com os verbos do quadro, no IMPERATIVO.

> **dirigir - parar - obedecer - tirar prestar - engatar- preocupar - mudar colocar - ficar - pisar - ter ultrapassar - ser**

Pai: Bem, filho, vamos lá. (1) _____ bastante atenção.

Filho: Tudo, bem, paizão. Não se (2) _____. Eu vou aprender rápido!

Pai: Primeira coisa: (3) _____ o cinto de segurança. Nunca (4) _____ sem usar o cinto. Agora, (5) _____ na embreagem e (6) _____ a primeira marcha.

Filho: Qual é a embreagem?

Pai: É o pedal da esquerda... Isso, meu filho! Muito bom. Bem, agora, (7) _____ o pé da embreagem, aos poucos, e vá acelerando...

Filho: Assim, pai?

Pai: É, meu filho. Só que mais devagar...

Filho: E agora, pai, o que devo fazer?

Pai: (8) _____ para a segunda e terceira marchas e (9) _____
na pista da direita... Assim mesmo. Não (10)
_____ pressa e não (11)
_____ os outros carros. (12)
_____ paciente e (13) _____
a seu pai. (14) _____ !!!! O farol
fechou.!!!! O farol fechou.

12. Ordene a conversa ao telefone, entre Dona Marta e o funcionário do correio.

( ) Eles têm urgência no recebimento?

( ) Coloque tudo dentro de um envelope simples, que nós providenciaremos a embalagem adequada aqui no Correio.

( ) Sugiro, então, que a senhora envie tudo por Sedex.

( ) Por nada. Sempre às ordens.

( ) Realmente é um pouco mais caro, mas vale a pena. É mais rápido e seguro.

(1) Agência de Correio, Guarulhos. Bom dia.

( ) Muito obrigada pela atenção.

( ) E quanto à embalabem?

( ) Sim, bastante. Principalmente o dinheiro.

( ) Pois não.

( ) Mas não é muito caro?

( ) Eu tenho que mandar para os meus pais, em Recife, duas fitas de vídeo e algum dinheiro. Qual seria a maneira mais segura de enviar?

( ) Bom dia, eu preciso de uma informação sobre envio e embalagem.

13. Use os verbos do quadro abaixo, no IMPERATIVO, para completar os diálogos.

tirar - puxar - levantar - vir - jogar
trazer - pegar - ligar - dar - tentar

1. A: Mããããeeeee..., estou com fome.
   B: Pois então, _____ do sofá e _____ alguma coisa na geladeira.

2. A: Professora, não consigo enxergar o que a senhora escreveu no quadro.
   B: Pois então, _____ aqui pra frente.

3. A: O senhor precisa de mais alguma coisa?
   B: Sim, _____ o jornal e _____ pra minha esposa, por favor. Preciso falar com ela o mais rápido possível. Se não conseguir em casa, _____ no celular.

4. A: Como se abre isto aqui?
   B: _____ o lacre e _____ a tampa pra cima.

5. A: Dona Sandra, o que faço com estas revistas velhas?
   B: _____ fora ou _____ pra alguém.

EXPRESSÕES IDIOMÁTICAS

No stress do dia-a-dia, é inevitável ouvir, no trânsito, expressões como as que seguem.
Una as expressões e escreva (M) se você a diria para uma mulher no volante, ou (H) se você a diria para um homem dirigindo.

1. ( ) Seu   a. de chumbo! ( )

2. ( ) Vá   b. o pé do freio! ( )

3. ( ) Pé   c. roupa, dona Maria! ( )

4. ( ) Tire   d. barbeiro! ( )

5. ( ) Vá lavar e. esquentar a barriga no fogão! ( )

UNE, DUNE, TÊ A ESCOLHIDA FOI VOCÊ!!!

Escreve-se com H ou sem H (X)?

1. ___abilidade   9. ___abilitação
2. ___ágil   10. ___álito
3. ___orizonte   11. ___onipotente
4. ___ira   12. ___erança
5. ___estátua   13. ___erói
6. ___êxito   14. ___igiene
7. ___ingênuo   15. ___erva
8. ___oje   16. ___itálico

41

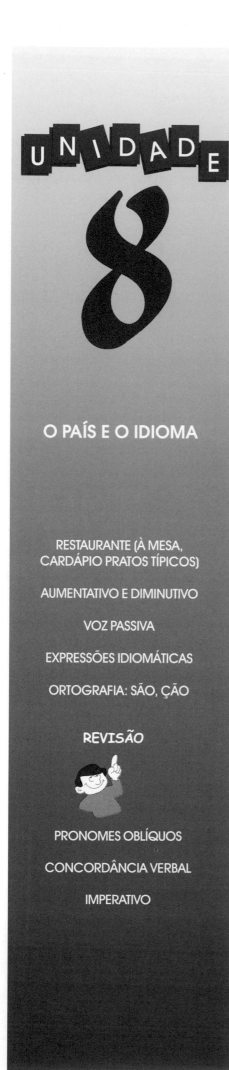

Novos sabores?

A cozinha do passado, reinterpretada com as técnicas de hoje, é como se fosse um gás em rápida expansão, que veio para ficar e vai se dissipar muito lentamente.

Estive há pouco em Portugal, e lá encontrei uma verdadeira pérola de pura tradição regional, uma receita mantida imutável, intocada, em perfeita sintonia com os gostos atuais. É o leitão da Bairrada, ou melhor ainda, da Medalhada, cidade dos melhores restaurantes especializados nessa iguaria admirada há séculos.

Um deles é o do José Belarmino Alves Ferreira, que investiu US$ 120 mil para colocar o restaurante em dia com as regras de higiene da União Européia, mas manteve o jeito de cozinhar que aprendeu com o avô.

A raça do leitão da Bairrada é a bizarro. É um leitão de pouca gordura, criado quase solto, comendo milho, batata e couve e, por isso, muito gostoso, macio, amanteigado, crocante na boca.

Belarmino e seus colegas, com a Universidade Real, tentam recuperar a raça, que ficou um pouco abastarda com o tempo. Enquanto isso, ele escolhe pessoalmente os leitões que vai abater em seu matadouro próprio, de 200 m2, de aço inoxidável e azulejos.

"Minha rotina é abater o leitão de manhãzinha. Deixo-o totalmente limpo, massageio-o internamente com sal, alho, pimenta e banha, costuro as aberturas da barriga e do pescoço e o coloco no forno, típico daqui, trespassado, apoiando o cabo na porta. O fogo é da poda das videiras e cascas das árvores sem resina. Asso por cerca de duas horas, a uma temperatura de uns 250 graus. Jamais coloco no forno um leitão que tenha entrado numa geladeira".

O leitão, de 6 a 7 kg de peso vivo, sai do forno com mais ou menos 3 kg. Ele é vendido por peso, como manda a tradição de Bairrada, e servido com batatas fritas e salada de alface, tomates e cebola.

A melhor harmonia é acompanhá-lo com um espumante branco da cave Messias, da própria região.

Na região entre a ponte dos Viadores e o norte da Mealhada, há 60 restaurantes, que chegam a vender 6 mil leitões por mês nos meses de verão e nas festas. Gente de Portugal inteiro encomenda leitões da Bairrada no Natal e Ano Novo.

*(Fonte: texto adaptado - **Valor**, 5 /05/ 2000)*

1. Encontre no texto um SINÔNIMO para as palavras ou expressões.

a. dispersar-se _____

b. comida / prato _____

c. matar animais que servem de alimento para o homem _____

d. riqueza típica do local _____

e. aquilo que se mantém sem mudanças _____

2. De acordo com o texto, responda às perguntas.

a. Que tipo de carne é o leitão da Bairrada? _____

b. Como se chama a raça do leitão da Bairrada? _____

c. O que caracteriza essa raça? _____

d. Descreva o processo de abate e preparo do leitão usado por Belarmino. Use o IMPERATIVO.

_____
_____
_____
_____

e. Como é servido o leitão e que bebida o acompanha?

_____

f. Quais as festas em que o leitão é encomendado em maior quantidade?

_____

3. Complete o cardápio com 3 opções de cada item.

```
RESTAURANTE
'A GOSTO DO FREGUÊS'
        Cardápio

Couvert
1. _____
2. _____
3. _____
Entrada
1. _____
2. _____
3. _____
Prato Principal
1. _____
2. _____
3. _____
Bebida
1. _____
2. _____
3. _____
Sobremesa
1. _____
2. _____
3. _____

                    BOM APETITE
```

4. Coloque as seguintes frases dos diálogos abaixo em ordem.

Ao chegar num restaurante:

(   ) Essa é sua senha. Por favor, aguarde que chamaremos pelo número.

(   ) De nada. Fiquem à vontade!

(1) Boa noite! Pois não.

(   ) Fumantes.

(   ) Uns 30 minutos, no máximo.

(   ) Mesa para 4, por favor.

(   ) Quanto tempo de espera?

(   ) Fumantes ou não fumantes?

(   ) Então, iremos aguardar. Obrigado.

Já na mesa, o garçon entrega o cardápio.

(   ) Ainda vamos escolher. Quando você trouxer a bebida, pediremos.

(1) O que vão beber?

(   ) Ok.

(   ) Já querem fazer o pedido?

(   ) Um chop, um suco de laranja sem açúcar, uma coca e uma água com gás.

5. No texto que se segue, coloque os verbos no tempo adequado e explique com suas palavras ou dê um sinônimo para as palavras que foram destacadas.

Tempero de história

As curiosidades sobre as origens dos pratos nacionais. Talvez sofisticados gourmets (1) _____ (desconhecer) que a primeira moqueca de peixe da qual se tem notícias era (2) _____ (preparar) pelos índios com carne de gente. Em carta sobre os costumes brasileiros (3) _____ (escrever) em 1554, o padre português Luís de Grã (4) _____ (explicar) que, "quando se dispunham a comer carne humana, os índios assavam-na na labareda". Mais tarde, a grelha de varas (o moquém), foi (5) _____ (substituir) pela panela e a carne, pelo peixe. Já o bobó de camarão (6) _____ (ser) um prato de prestígio no Rio de Janeiro desde a Independência do Brasil e, assim como várias outras receitas baianas, (7) _____ (ter) motivações religiosas. A combinação do crustáceo com inhame, gengibre, amendoim e castanha de caju (8) _____ (funcionar) como um "mosaico ritualístico para aproximar o homem das entidades sobrenaturais".

(Fonte: tempero de história, Celina Côrtes [trecho], revista Isto É, 13/12/2000)

a. gourmets

_____

b. moqueca

_____

c. labareda

_____

d. bobó de camarão

_____

e. crustáceo

_____

6. Leia o texto "Malibu é aqui" e formule, no mínimo, cinco perguntas com as respectivas respostas.

Salvador já tem o seu Leblon. Cansados das praias lotadas de turistas, os jovens de classe média alta resolveram badalar numa freguesia só sua. Migrando de uma barraca a outra, descobriram a praia de Aleluia. O local, uma faixa de pouco menos de dois quilômetros entre as praias de Stella Maris e Ipitanga,

antes deserta, hoje é famoso por reunir gente bonita, luaus e jogos de verão.

Localizada a 22 quilômetros do centro da cidade, Aleluia lembra uma daquelas praias de novela ou do seriado *S.O.S. Malibu*, onde só se vêem jovens e a paquera corre solta. "As meninas mais bonitas de Salvador estão aqui porque a praia não é poluída e o ambiente é bem selecionado", afirma Gustavo Figueiredo, 24 anos (...)

(...) "Como é difícil os ônibus chegarem até aqui, não vem ninguém da periferia".

(...) A agitação só começa ao meio-dia, quando a moçada se junta em torno da Barraca do Lôro e do quiosque Mau & Mau. A primeira pertence a Aloísio Melo Filho, 36 anos, administrador de empresas e ex-surfista. Há um ano ele notou a concentração de jovens e montou o ponto, com tapetes de grama e pratos como carpaccio (R$3) e lagosta (R$15).

"No verão fazemos happy-hour e, em noite de lua cheia, fogueira e luau", conta.

Festas com tochas e dezenas de frutas também são a atração da Mau & Mau (...). No fim de semana, a partir das 21h há shows de música pop e karaokê, além de farto consumo de caipiroska (R$3) e peixe ao alho e óleo (R$18) (...)

(Fonte: texto extraído de Malibu é aqui (trecho)
Sara Duarte, revista **Isto É***, 18/12/2000)*

_____
_____
_____
_____
_____
_____
_____
_____
_____
_____

7. Escolha o AUMENTATIVO ou DIMINUTIVO adequado das palavras para dar um tom irônico, afetivo ou pejorativo para as frases abaixo:

> **cabeça - festa - dinheiro**
> **trabalho - rapaz - menino**
> **pão - trânsito - minuto - panela**

1. Eta _____ infernal! Em meia hora, só andei 2 km!

2. Você conheceu o novo vizinho? É um _____ de 1.90 m.!

3. Que _____ você tem! Boné nenhum fica bom!

4. Posso lhe interromper por um _____ ?

5. O casamento de Silvia e Zé vai ser uma _____ _____. Eles estão gastando os tubos!

6. Eduardo é um _____ , só tem tamanho, porque juízo que é bom, nada!

7. Vovó Dedé fazia um _____ que era uma beleza!

8. Pôr essa empresa em ordem vai dar um _____ dos diabos. Tudo está uma bagunça!

9. Mãe, você me dá um _____ pra eu ir ao cinema?

10. Esta _____ é muito pequena para esquentar toda esta comida.

8. Escolha um dos PRONOMES OBLÍQUOS do quadro para completar as frases.

me – se – si – nos – lhes – los – mim
a - conosco – as - os – lhe - conosco

1. Todos no escritório _____ consideravam competente. E eu realmente era!
2. Enviei _____ um cartão de aniversário de Salvador. Acho que ele gostou!
3. Se Ângela não puder trabalhar por turno, transfira _____ para o horário administrativo.
4. Quero parabeniza-_____ pelo excelente projeto que vocês desenvolveram. Vamos celebrar! Convido- _____ para um Happy Hour hoje às 6h.
5. Assim que as passagens chegarem, por favor, coloque- _____ em cima da minha mesa.
6. Solange _____ convidou para ficar na casa de praia dela, em Recife, mas acho que nós ficaremos num hotel.
7. Não podemos levar o cachorro _____ , pois não é permitido animais no hotel.
8. Decida- _____ : você vai ou não ao estádio?
9. Disse para _____ mesmo: "Hei de vencer ".
10. Conte- _____ uma piada nova. Sei que eles vão adorar!
11. Luísa queria estar segura de _____ mesma antes de tomar a decisão.
12. Vocês irão _____ à passeata? Sairemos em dez minutos.

9. De acordo com o bilhete abaixo, escreva um diálogo, ao telefone, entre Renato e Lena esclarecendo as dúvidas dela.

Querido Renato,

Adorei o seu convite para passar o fim de semana prolongado na sua chácara. Claro que aceito! Quem mais vai conosco?

Por favor, me ligue assim que puder para combinarmos os detalhes da viagem: carro (o meu ou o seu?), horário, supermercado e divisão de tarefas.

Estou esperando sua ligação.

Um beijo,

Lena

_____
_____
_____
_____
_____
_____
_____
_____

10. Desenhe a bandeira de seu país e descreva o que cada cor e/ou símbolo significa.

matas — céu

ouro — estados e Distrito Federal

11. Reescreva as frases usando a VOZ PASSIVA.

1. Ronald Biggs assaltou um trem pagador na Inglaterra.

   _____

2. O presidente Fernando Henrique Cardoso venceu duas eleições presidenciais no Brasil.

   _____

3. A Polícia Federal exige o visto de entrada para turistas de alguns países.

   _____

4. O monóxido de carbono polui o ar.

   _____

5. Os brasileiros entregam a declaração do imposto de renda em abril.

_____

6. Eu preparei o almoço em uma hora.

_____

7. Nós fazemos compras todos os sábados.

_____

8. Nós deletamos a mensagem sem querer.

_____

9. O então presidente Jucelino Kubitschek transferiu a sede do Governo Federal para Brasília em 1960.

_____

10. Lee Oswald matou John Kennedy.

_____

12. Alguns ARTIGOS foram retirados do texto. Encontre sua posição adequada e escreva-os ao final de cada linha indicada. Indique também a crase quando necessário. Veja exemplo.

Exemplo: *Mais do que ✓ homens, ✓ mulheres acima de 60 renovam suas vidas com muito entusiasmo e alegria.* os/as

Começar de novo

Mesmo com filhos adultos, sem companheiro ou trabalho, mulheres reagem mais rápido à viuvez e aposentadoria. ___/___/___/___/___/

Elas vão luta em busca da felicidade, com muita determinação. Os homens, por sua vez, geralmente ficam apáticos, quase perdidos. Não raro, depois de deixarem o trabalho, eles se sentem inúteis, perdem

horas em frente à tevê ou jogando dominó. ___/___/ geriatra Anita Néri, da Universidade de Campinas (Unicamp), acredita que homens passam vida como provedores do lar e não se preparam para aposentadoria. Não cultivam hobbies, esportes ou outro tipo de atividade. mulheres, ao contrário, são menos acomodadas. ___/___/___/___/___/

EXPRESSÕES IDIOMÁTICAS

Reescrevaiiiiiii em outras palavras ou explique as EXPRESSÕES abaixo. A quem você diria essas frases?

1. Quem tem pressa come cru.

_____
_____

2. Casa de ferreiro, espeto de pau.

_____
_____

3. Enquanto você vem com a farinha eu já fui com o bolo.

_____
_____

4. Panela velha é que faz comida boa.

_____
_____

UNE, DUNE, TE, A ESCOLHIDA FOI VOCÊ!!!

Escreve-se com - SÃO ou - ÇÃO?

1. composi___	9. interpreta___
2. ascen___	10. compreen___
3. suspen___	11. deten___
4. apreen___	12. obten___
5. compensa___	13. execu___
6. exten___	14. arma___
7. exposi___	15. explica___
8. ten___	

1. Você acabou de comprar uma casa e está enviando uma foto dela para seus parentes no exterior. Complete o cartão postal.

Oi, _____

Esta é _____.

Ela não é mesmo _____?

Eu a comprei _____

Os quartos são _____

O jardim é _____ e a garagem _____

Vocês nem imaginam _____

E ela fica perto _____ e longe _____

À direita da casa, você pode ver _____,

e, à esquerda, _____. É realmente incrível!

As crianças adoraram _____

Nós vamos nos mudar _____

Um beijo, _____.

2. Termine as orações, como no exemplo, usando os ADVÉRBIOS do quadro abaixo:

> calmamente – rapidamente
> carinhosamente – cuidadosamente
> dificilmente – tranqüilamente

Exemplo: *Antigamente, morávamos num apartamento bem no centro da cidade. O barulho era infernal. Hoje, graças a Deus,* <u>*moramos tranqüilamente numa casa que fica num condomínio a 100 km da cidade*</u>.

1. Há um tempo, como não tínhamos computador para confirmar os pedidos por e-mail, os clientes reclamavam muito da demora na entrega, mas hoje os produtos _____
_____

2. Durante a mudança, os entregadores quebraram muitos objetos, por isso a empresa teve que reembolsar o prejuízo. Agora, os entregadores _____
_____

3. Devido à reforma de sua casa, D. Léia estava muito nervosa e quase não dava atenção às crianças. Pelo contrário, D. Léia estava sempre gritando e dando bronca nelas. Mas agora a reforma acabou e _____

_____

4. Ricardo fumava muito até o ano passado, mas

agora, com seu problema de saúde, ele _____

_____ .

Às vezes, eu o vejo com um cigarro na mão.

5. O Senhor Donizete não gostou do serviço do pedreiro e nem do desperdício de material. Mas, mesmo assim, _____

_____

3. Onde, no diálogo abaixo, você colocaria as seguintes expressões:

> **Não dá não! – Oh, meu Deus!**
> **Nossa! – Se Deus quiser**

Pedreiro: D. Neusa. Então qual é o problema?

D. Neusa: Você ainda me pergunta qual é o problema? Não está vendo que o serviço que você fez no encanamento do banheiro está uma porcaria?

Pedreiro: O cheiro não tá bom mesmo. Deixa eu ver o que deu errado. (Após alguns minutos) Vamos ter que fazer tudo de novo.

D. Neusa: E você me diz isso com esta calma toda! Vamos aproveitar o mesmo material?

Pedreiro: A pressão da água está muito forte. Os canos estão todos rachados. Vai ter que ser tudo novo!

D. Neusa: E você vai terminar o serviço até amanhã? Terei visitas para o jantar...

Pedreiro: Fique tranqüila, D. Neusa. Vou terminar tudinho até amanhã de manhã.

4. Lúcia e Sidnei são casados e têm duas filhas. Eles não estão satisfeitos com a distribuição dos cômodos de uma casa que querem comprar. Porém, gostaram muito do bairro e da proximidade à escola das crianças, entre outras razões. Para que possam ficar com a casa, pretendem fazer uma pequena reforma. De acordo com a planta abaixo, o que você poderia sugerir ao casal.

Exemplo: *Quebre a parede da varanda da sala para aumentar o espaço.*
Diminua o tamanho de uma das suítes para ficar com um quarto maior.

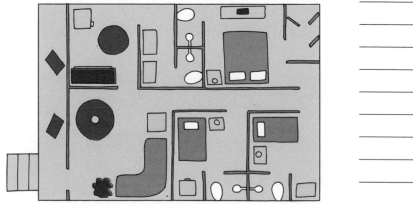

_____

_____

_____

_____

_____

_____

_____

_____

_____

5. a. Cite 6 vantagens e 6 desvantagens da sua atual moradia.

Vantagens

1. _____
2. _____
3. _____
4. _____
5. _____
6. _____

Desvantagens

1. _____
2. _____
3. _____
4. _____
5. _____
6. _____

b. O que poderia ser feito para melhorar sua atual moradia?

_____
_____
_____
_____

6. Você está montando uma casa pela primeira vez. Liste 10 eletrodomésticos e diga em que parte da casa você os colocaria.

Eletrodomésticos

1. _____
2. _____
3. _____
4. _____
5. _____
6. _____
7. _____
8. _____
9. _____
10. _____

Partes da casa

1. _____
2. _____
3. _____
4. _____
5. _____
6. _____
7. _____
8. _____
9. _____
10. _____

7. Que móveis e acessórios você compraria para os seguintes cômodos? Escolha no mínimo 4 itens. Veja algumas sugestões no quadro abaixo.

lustre
poltrona
mesa de centro
mesa de canto
cama de casal
cama de solteiro
armário
espelho
criado mudo
porta-toalha

a. Sala de jantar 1. _____ 2. _____

3. _____ 4. _____

b. Sala de visitas 1. _____ 2. _____

3. _____ 4. _____

1. Leia a conversa entre Helena e o Sr. Nunes ao telefone e escolha as palavras ou frases em itálico que melhor completem o diálogo.

Helena: Bom dia, *poderia/posso* falar com o Senhor Nunes?

Sr. Nunes: *Nunes falando/Sou eu mesmo.*

H: *Esta é/Aqui é* Helena da Ancor Ltda. Estou ligando sobre a mudança de programação de sua visita a Porto Alegre.

N: *Pois não./Com certeza.*

H: Infelizmente o Sr. Valter não poderá vê-lo pela manhã, na sexta-feira. Ele gostaria de mudar a reunião para as 15 horas.

N: *Realmente./Sem problemas.*

H: Sendo assim, a Srta. Angélica vai encontrá-lo mais cedo, por volta das 10h30 para que vocês *podem/possam* conversar e depois almoçar juntos. O que o senhor acha?

N: *Tudo bem./Todo bem. Só me preocupo com minha viagem de volta. Meu vôo está marcado para as 17 horas.*

H: O senhor gostaria de que eu tentasse transferi-lo para sábado, logo no primeiro horário?

N: *É claro./Seria ótimo.*

H: O senhor quer que eu *faça/faço* a reserva do hotel?

N: *Se não for muito incômodo...*

H: *De nada./De maneira alguma.*

N: *Muito obrigada/obrigado.*

H: *Nada./Não há de que.*

2. Reescreva o diálogo abaixo de maneira que a conversa fique mais polida.

A. Quero falar com Toni.

_____

B. Quem é você?

_____

A. Léo.
B. O quê?

_____

A. Leonardo Lopes, da loja de móveis.
B. Espera aí.

_____

C. Alô. É Toni.

_____

A. Toni, aqui é o Léo, da Taurus.

_____

C. O que você quer?

_____

A. Preciso confirmar o endereço de entrega. É pra entregar a mesa na sua casa ou no escritório?

_____

C. Tanto faz.

_____

A. Se é assim, vou entregar na sua casa. Até logo.

_____

3. Escolha um dos ADVÉRBIOS ou LOCUÇÕES ADVERBIAIS para responder às questões abaixo.

1. Você tem medo de escuro?
a. ( ) Absolutamente.   b. ( ) Bastante.
c. ( ) Certamente.

2. Com que freqüência você fala ao telefone?
a. ( ) Jamais.   b. ( ) Sempre.
c. ( ) De vez em quando.

3. Você sempre faz suas lições de casa?
a. ( ) Sem dúvida.   b. ( ) Nunca.

c. ( ) Raramente.

4. Você saltaria de pára-quedas?
a. ( ) Certamente.   b. ( ) Jamais.
c. ( ) Talvez.

5. Você já sofreu algum acidente no trânsito?
a. ( ) Quase.   b. ( ) Por certo.
c. ( ) Nunca.

4. Todos os ARTIGOS DEFINIDOS e INDEFINIDOS foram retirados dos textos. Insira-os quando e onde necessário. Algumas CONTRAÇÕES DE PREPOSIÇÃO e ARTIGO (ao, aos, à, às) também deverão ser feitas.

Cenas do Cotidiano

Transformação dos bens de consumo que rodeiam homem e "infra-estrutura inteligente" já está em andamento. Computador, telefone, televisão, automóvel, casa e eletrodomésticos cada vez mais sofisticados vêm por aí. No século 21, com carro e CPU doméstica ligados Internet, alguém que more sozinho poderá chegar em casa e encontrar jantar e sobremesa prontos. Bastará para isso enviar e-mail do escritório, ou dar comando vocal para microondas e freezer ao entrar no carro, antes de iniciar percurso de volta lar, doce lar.

*(Fonte: texto extraído da **Revista Momento**)*

Um breve relato

Minhas férias foram inesquecíveis! Conheci quase toda Europa. Visitei Itália, França, Portugal e Grécia. Itália é linda. Não dá nem pra descrevê-la. Perfumes que trouxe da França são todos para minhas irmãs. Elas adoram perfume! pessoas em Portugal são super receptivas. Na Grécia, comprei bolsa para minha mãe, brinquedos para meus sobrinhos e relógio para meu pai. No retorno para Brasil, tive probleminha na alfândega. Minhas bagagens excederam peso permitido, por isso quase tive que pagar multa enorme. Mas, para minha sorte, meu tio que é dos policiais federais estava lá e ele conseguiu dar jeitinho para eu não precisar pagar multa. Todos adoraram presentes. E eu adorei viagem!

5. Siga o modelo para completar as orações abaixo.

> **Exemplo:** *Roberto quer ser embaixador.*
> *<u>Certamente</u> ele vai ter que estudar muito.*
> *<u>Talvez</u> ele tenha que morar no exterior.*
> *<u>Se</u> ele conhecesse alguém na Embaixada, seria mais fácil.*

1. Soraia nunca viu o mar.
Certamente _____
Talvez _____
Se _____

2. Marco Antônio não fala uma segunda língua.
Certamente _____
Talvez _____
Se _____

3. Pobre Ana! Ela perdeu o último ônibus de volta pra casa.
Certamente _____

Talvez _____
Se _____

4 As crianças acabaram de ganhar sorvete.
Certamente _____
Talvez _____
Se _____

5. Júlia passou a noite em claro estudando para a prova de hoje.
Certamente _____
Talvez _____
Se _____

6. a. O Sr. Salvador tem 72 anos e é aposentado. Ele era taxista. Liste o que ele fez ontem e o que ele fazia antigamente, antes de se aposentar.

dirigir mais de 60 km por dia

ler todo o jornal

jogar dominó

sair bem cedo de casa

lavar o carro

cuidar do jardim

conversar com os estrangeiros

ir ao banco às 10h da manhã

receber bastante gorjeta

almoçar em casa

Ontem o Sr. Salvador....

1. _____
2. _____
3. _____
4. _____
5. _____

Antigamente ele...

1. _____
2. _____
3. _____
4. _____
5. _____

b. Agora, acrescente um dos complementos abaixo às frases que você escreveu na parte do Exercício 6.

com os amigos na pracinha

principalmente dos turistas

quase de madrugada

toda semana, pois ele tinha que estar impecável

e comeu uma deliciosa macarronada

atrás de boas corridas

para receber o pagamento da aposentadoria

só na parte da manhã

por isso aprendeu um pouco de várias línguas

7. Seus vizinhos resolveram se reunir para fazer uma Festa Junina. Algumas coisas já foram feitas e outras ainda não. Veja o exemplo.

✓ as bandeirinhas (colocar)
X o quentão (preparar)

Exemplo: *As bandeirinhas já foram colocadas.*
Exemplo: *O quentão ainda não foi preparado.*

✓ os pinhões (descascar)
X o bolo de fubá (fazer)
X as barracas (montar)
✓ o vinho (aquecer)
✓ as maçãs-do-amor (caramelizar)
X os fogos (soltar)
✓ a quadrilha (ensaiar)

1. _____
2. _____
3. _____
4. _____
5. _____
6. _____
7. _____

8. Observe a figura e nomeie as PARTES DO CORPO.

1. _____
2. _____
3. _____
4. _____
5. _____
6. _____
7. _____
8. _____

9. _____
10. _____
11. _____
12. _____
13. _____
14. _____
15. _____
16. _____
17. _____

9. Transforme a narrativa abaixo em um diálogo, usando o DISCURSO DIRETO.

Roberto pediu desculpas pelo atraso. Ele disse que ficou preso no trânsito e o seu celular estava sem bateria, por isso não pode avisar Cláudia antes.

Cláudia perguntou se ele sabia que horas eram e se ele se lembrava de que hoje era sábado, e, portanto, não havia trânsito às 10 da manhã.

Roberto pediu para Cláudia parar de discutir, pois eles ainda tinham o resto da manhã pra se divertir. E ainda acrescentou que o dia estava lindo.

Cláudia disse que estava cansada das desculpas dele e também de sua cara-de-pau. Ela falou que ia embora e que não queria mais vê-lo na sua frente.

Roberto, quase sem palavras, implorou para que ela ficasse e jurou que não faria mais aquilo.

Cláudia disse, então, que aceitaria suas desculpas pela última vez, mas completou dizendo que, se ele desse o cano nela novamente, ela jamais o veria de novo.

Roberto: "Desculpe pelo atraso. Fiquei preso no trânsito e...

Cláudia: Você sabe que horas são?

_____
_____
_____
_____
_____
_____
_____
_____
_____
_____
_____
_____

10. Complete as orações com uma das palavras do quadro abaixo.

> anos - exceção - mal - questão
> cerimônia - as malas - fila - bem

1. Comida gordurosa sempre me fez _____. Procuro evitar.
2. Desculpe-me! Não posso acompanhá-la porque viajo hoje à noite e tenho de fazer _____.
3. Minha afilhada faz _____ amanhã. Já está uma mocinha! Vai fazer 14 anos. Sempre fiz _____ de ir à sua festa de aniversário e levar-lhe um presente.
4. Pedi ao gerente que desse um jeito para eu não precisar fazer _____ para entrar, mas ele me disse que não podia fazer _____.
5. Você parece cansada. Peça ao chefe para dar-lhe uma folga. Não precisa fazer _____ com a gente. Nós faremos o seu serviço também. Tenho certeza de que uma folga lhe fará muito _____.

MÃOS À OBRA!

Ruberval – o síndico, em ...
"A Pauta de hoje"

"Boa noite! Temos que conservar as áreas comuns do prédio. E os animais de estimação são os primeiros da lista. As crianças não devem levar seus cães ou gatos, sem coleira, para passear no pátio. A porta de vidro da entrada deve estar sempre bem sinalizada pra evitar futuros problemas. Temos que trocar os capachos, próximos ao elevador, pois algumas crianças já tropeçaram e os toldos deverão ser lavados por uma empresa especializada, e...

Exercícios

1. Acrescente ao texto acima os AD-VÉRBIOS: <u>absolutamente, certamente, mais</u> e <u>logo</u>.

2. Use as informações do texto, para formar, quando possível, frases na VOZ PASSIVA. Veja o exemplo.

Exemplo: *As crianças não devem levar seus cães e gatos pra passear no pátio do apartamento.*

<u>Cães e gatos não devem ser levados ao pátio pra passear</u>.

1. Temos que trocar os capachos.

_____

2. Vamos chamar uma empresa especializada para lavar os toldos.

_____

3. Temos que conservar as áreas comuns do prédio.

_____

EXPRESSÕES IDIOMÁTICAS

Leia os trechos abaixo e escreva quem:

1. É DEDO DURO   (   )

2. É MÃO ABERTA   (   )

3. TEM O PÉ NO CHÃO (   )

4. É CABEÇA DURA   (   )

a. Mãe, você acredita que o Pedro estragou a festa surpresa da Joana? Ele disse: "Até mais tarde! Te vejo no seu aniversário."

b. Desisto! Não consigo convencer a Sandra de que o erro foi dela. Já usei todos os meus argumentos, mas ela não muda de idéia.

c. Helena é a única da turma que não sonha acordada. Ela sempre planeja sua vida de acordo com suas possibilidades.

d. Nunca vi alguém gastar tanto dinheiro como Luís. Outro dia, ele deu dez reais de gorjeta para o moleque que estava tomando conta do carro dele na rua.

1. Fábio está fazendo a matrícula de seu filho na escola. Complete o diálogo.

Atendente: Bom dia, senhor. Em que posso ajudá-lo?

Fábio: _____ .

A: Pois não. O senhor trouxe todos os documentos pedidos?

F: _____ .

A: Obrigada. Mas estão faltando as fotos.

F: _____ .

A: São 3.

F: _____ .

A: 3x4 (três por quatro).

F: _____ .

A: Sim, senhor. Hoje é o último dia para a matrícula.

F: Então _____ .

A: O lugar mais perto é a dois quarterões daqui. Mas as fotos ficam prontas na hora.

F: _____ .

A: Hoje ficaremos aqui até as 19 horas.

F: _____ .

A: Está bem. Até logo. Ah! Além das fotos, senhor, precisamos também de uma cópia de cada documento.

F: Mas _____ .

A: Infelizmente nossa máquina de xerox está quebrada.

F: Isso é o que eu chamo de um bom início!

2. Preencha as frases com um dos PRONOMES RELATIVOS que estão no quadro abaixo.

que - quem - onde - o qual - a qual - os quais as quais - cujo - cuja - cujos - cujas - quanto quanta - quantos - quantas

1. Não sei _____ tocou a campanhia.
2. Este é o colégio _____ estudei.
3. Esta é Estela _____ casa sempre fico quando vou a Salvador.
4. Vera é uma " emergente" espalhafatosa _____ só pensa em se autopromover.
5. Releia o texto tantas vezes _____ forem necessárias para a sua compreensão.
6. Jorge Amado, _____ conjunto de obra é impressionante, é um dos expoentes da nossa literatura.
7. O informante deu uma dica ao policial sem _____ ele não desvendaria o crime.
8. As colegas com _____ trabalhei na loja de departamento ainda continuam na ativa.

U N I D A D E

11

A EDUCAÇÃO

FAZENDO UMA MATRÍCULA

PRONOMES RELATIVOS

TEMPOS COMPOSTOS

VERBOS - SER/IR

REVISÃO

AUMENTATIVO / DIMINUTIVO

3. Faça frases usando os tempos compostos. Escolha tempos verbais diferentes para cada verbo principal. Veja o exemplo.

Exemplo: *(passar no vestibular) – Se eles <u>tivessem passado</u> no vestibular, agora seriam universitários./Eles não <u>têm estudado</u> muito para passar no vestibular./Quando eu completar 18 anos, na próxima semana, já <u>terei passado</u> no vestibular. Tomara!!*

1. (sair de casa mais cedo) _____.
2. (pagar as contas) _____.
3. (preparar o relatório) _____.
4. (aprender um idioma estrangeiro) _____.
5. (aceitar o convite) _____.
6. (ir ao médico) _____.
7. (parar de fumar) _____.
8. (fazer ginástica) _____.

4. Leia o texto abaixo e faça o que for pedido.
a. Explique as palavras ou expressões em negrito.

Atualmente, 96% dos jovens brasileiros entre 7 e 14 anos estão na escola. Para as crianças com 7 anos, essa participação já é de 98%, semelhante à dos países ricos. Pela primeira vez na história, o acesso ao ensino está quase universalizado. "Não há maior revolução do que isso: pegar uma criança que está fora da escola e colocá-la para estudar", diz Moura Castro. Segundo o último relatório da Unesco, a expectativa de **permanência** na escola das crianças brasileiras com 5 anos saltou de quase 11.8 anos em 1991 para 14.8 em 1997.

Outra mudança importante: a forte diminuição nos índices de repetência e evasão. O Brasil sempre foi **craque** na hora de manter os alunos **marcando passo** por anos e anos na mesma série. Em 1982, nada menos de 76% dos jovens do ensino fundamental não estavam na série correspondente à sua idade. Esse número caiu para 46% em 1998. É ainda muito alto, mas a tendência é claramente positiva.

(...) Aqui também há boas notícias. O número de alunos nas universidade vem crescendo bastante (mais uma vez o **efeito cascata** provocado pela universalização do ensino básico).

Os ganhos não foram apenas em termos de quantidade. Estimulado pelo Provão, o **polêmico** sistema de avaliação instituído na **gestão** Paulo Renato, a qualidade também melhorou. Afinal nenhuma escola gosta de receber nota ruim.

(Fonte: texto extraído de Lição de Casa, revista Exame, 05/04/2000)

1. permanência - _____

2. craque - _____

3. efeito cascata - _____

4. polêmico - _____

5. gestão - _____

6. marcando passo - _____

b. De acordo com o texto, faça perguntas para as seguintes respostas.

1. _____
_____ ?
96%.

2. _____
_____ ?
A forte diminuição nos índices de repetência e evasão escolar.

3. _____
_____ ?
É um sistema de avaliação feito pelo governo para verificar o nível de capacitação dos alunos, bem como o desempenho da escola.

5. Forme um período usando os PRONOMES RELATIVOS e os elementos entre barras. Coloque os verbos no tempo e na forma verbal adequada. Faça as alterações necessárias. Veja o exemplo.

Exemplo: *Fernando Henrique Cardoso / (ser) sociólogo / (reeleger) presidente pelo voto popular.*
Fernando Henrique Cardoso, que é sociológo, foi reeleito presidente pelo voto popular.

a. Renato Aragão / (ser) famoso comediante. / (eleger) embaixador da UNICEF no Brasil.

_____

_____

b. São Luis / (situar) no Nordeste / colonização (fazer) pelos franceses.

_____

_____

c. Princesa Isabel foi / (assinar) a Lei Áurea / (libertar) todos os escravos no Brasil.

_____

_____

d. Barretos / se (realizar) o maior rodeio do Brasil / (ficar) no interior de São Paulo.

_____

_____

e. Brasil / sistema de governo é a democracia / (eleger) o seu presidente a cada 4 anos.

_____

_____

6. Complete o texto com uma das palavras abaixo, cujas abreviações são de uso coloquial.

portuga - confa - rebu - sampa - japa - china - fessor - boteco - milico

Ontem tive uma aula muito interessante. Meu (1.) _____ estava falando sobre imigração no Brasil. Você sabia que a maior colônia japonesa fora do Japão está em São Paulo?
Ah! então é por isso que tem tanto (2.) _____ em S. P.! Eu sabia que Nova Iorque tinha a maior colônia chinesa fora da China. Isso quer dizer que tem muito (3.) _____ em (4.) _____ e muito (5.) _____ em Nova Iorque!
Nas férias passadas fui a Santa Catarina. Na véspera de voltar, estava num (6.) _____ bebendo com uns amigos quando o (7.) _____ começou. Imagine você que um (8.) _____ fardado entrou no bar e pediu uma cerveja perguntando pelo dono, que é português. Sorte do (9.) _____ que estava na Europa com a família!
O moço do bar se negou a servir a bebida porque ele estava fardado. O (10.) _____, então criou a maior (11.) _____ e quase foi às "vias de fato". Foi preciso que a "turma do deixa disso" entrasse em ação.

7. Nos períodos abaixo, identifique se os verbos são SER ou IR e escreva dentro dos parênteses.

a. Ontem fui ( ) jantar à casa de minha irmã. Foi ( ) servido um strogonoff esplêndido! Todas as pessoas que ela convidou foram ( ) pontuais; coisa rara por aqui.
Os convidados foram ( ) gentis em confirmar a ida por telefone. Foi ( ) uma noite muito agradável.

b. Patrícia e Márcia foram ( ) passar o carnaval em Salvador e foram ( ) convidadas para ficar no camarote de Paulinho, que foi ( ) quem montou todos os camarotes e arquibancadas do carnaval baiano. A esposa dele, Lena, foi ( ) muito gentil recepcionando ambas. Você a conhece? Ela e eu fomos ( ) fazer um curso nos Estados Unidos juntas.

c. Fomos ( ) nós as vencedoras da concorrência? Quem foi ( ) saber o resultado?

d. Ontem eu fui ( ) ao shopping e fui ( ) entrevistada por uma emissora de televisão.

e. Eles foram ( ) viajar, mas o hotel foi ( ) uma decepção! Imagine que neste frio, quando eles foram ( ) tomar banho, não tinha água quente! O chuveiro tinha sido quebrado pelo hóspede anterior.

8. Transforme as palavras entre parênteses em AUMENTATIVO (+) ou DIMINUTIVO (-) conforme a solicitação.

a. Mauro é um (motorista -) _____ afobado!

b. As (bonecas) _____ de pano pertencem às alunas do 2º ano.

c. Esta novela das 6 é um (drama +) _____ e tanto!

d. Que (tempo -) _____ horroroso!

e. Alexandre tem uma (cara -) _____ de pau danada!

f. Vou à padaria comprar 12 (pão -). _____

g. Esse garoto só tem tamanho; ele é um (menino +) _____!

h. No Nordeste faz um (calor +) _____ no verão.

i. Antes de ter esse (carro +) _____, Frederico tinha um (carro -) ._____ bem (velho -) _____!

j. Perto da fazenda tem um (lugar -) _____ onde se pode comprar alguns gêneros alimentícios.

l. Vamos tomar um (café -) _____?

m. Vamos, ainda tenho uns (minutos -) _____ antes de bater o cartão.

9. Escreva uma vantagem e uma desvantagem sobre o tema abaixo: 'Período Integral'.

'Período Integral – Para evitar o desgaste da relação com os filhos, alguns pais apelam à terceirização. Escolhem uma escola com período integral ou uma pessoa para acompanhar a criançada, que pode ser o tradicional professor particular ou até um acompanhante terapêutico, psicólogo que se dedica a ajudar a criança a se organizar, criar uma rotina de estudos e fazer suas pesquisas.'

(Fonte: texto extraído de *Sem Ataque de Nervos, revista* Isto É, 05 /04/2000)

Vantagem: _____
_____
_____.

Desvantagem: _____
_____
_____.

10. Jorge parou uns instantes para refletir sobre como sua vida poderia ter sido diferente se ele tivesse tomado outras atitudes no passado. Hoje, professor universitário, 39 anos, casado, 6 filhos, mora num pequeno apartamento no centro de São Paulo. Veja seu desabafo e escreva, em seu caderno, frases como a do exemplo.

11. Responda a cada uma das perguntas usando os verbos compostos abaixo.

tenho ido - tinha ido - terei ido - teria ido - tivesse ido - tiver ido

Exemplo: *E então, o que você tem feito ultimamente? (clube)*
Tenho ido ao clube jogar tênis com meus amigos.

1. Ontem liguei pra você, mas ninguém atendeu. (aeroporto)

_____

_____

2. Até o final do mês você pode me trazer o passaporte com visto? (consulado)

_____

_____

3. Você foi ao Pantanal? (Não tive tempo)

_____

_____

4. Puxa! Eu queria tanto ter me encontrado com a Marisa. (aniversário do Eduardo)

_____

_____

_____

_____

5. Quando você vai poder trazer o dinheiro? (às quatro horas/banco)

_____

_____

_____

MÃOS À OBRA!

Ruberval – o síndico, em ...
'A Pauta de hoje'

'Esta sessão extraordinária está acontecendo, pois precisamos falar de um assunto urgente: capacitar nossos funcionários; vigias, zelador e até faxineiros para que possam, cada vez mais, nos oferecer tranqüilidade. Sendo assim, tomaremos uma medida: todos irão assistir a um seminário de comportamento e segurança e, em seguida, farão um treinamento intensivo.'

Exercícios:

1. Acrescente ao texto acima os AD-VÉRBIOS: primeiramente, melhor, imediatamente e bastante.

_____

_____

_____

_____

_____

2. Complete as frases, como no exemplo.

Exemplo: *Tomara que o seminário seja um sucesso!*

a. Espero que _____

_____

b. Desejo sinceramente que _____

_____

c. Tomara que _____

U N I D A D E

12

A SAÚDE

CRASE

INTERJEIÇÕES

REVISÃO

PRONOMES OBLÍQUOS

IMPERATIVO

PREPOSIÇÕES

1. Complete o diálogo com as palavras do quadro abaixo.

> bula – contra-indicação – remédio
> consulta – convênio – pronto-socorro
> ambulância - plantão

A: Você vai mesmo tomar esse _____?

B: Ué, qual é o problema? Eu já li a _____ e não tem nenhuma _____.

A: Bem, eu tenho minhas dúvidas. Acho melhor você marcar uma _____ com o Dr. Jorge pra ver o que ele acha.

B: Dr. Jorge? Ele não atende mais pelo meu _____.

A: Nossa, Rute! Você está pálida. Você está piorando, não está?

B: Acho que minha pressão está caindo...

A: Agüenta aí! Vou chamar uma _____ pra levarem você a um _____.

B: Mas a esta hora? Já são 3h da manhã.

A: Com certeza há médicos de _____ que vão saber o que fazer pra você se sentir melhor.

2. Indique a CRASE, quando necessário.

1. Estamos a disposição para sanar quaisquer dúvidas.
2. O desconto a vista era pequeno, por isso preferi comprar a prazo.
3. Saímos as onze horas e chegamos a uma hora em ponto.
4. Fomos a banca, mas não encontramos D. Lurdes. Disseram que ela só chegaria a tarde.
5. Estou a procura de ajuda, mas, as vezes, acho que nunca vou encontrar.
6. Não gosto de assistir a filme de terror a noite, pois sempre tenho pesadelos.
7. Fiquei frente a frente com a diretora, mas não a reconheci.
8. Depois de visitar a França, vou a Itália e a Roma.
9. A peça começa daqui a duas horas.
10. Gostaria de agradecer aqueles que muito colaboraram com a campanha do agasalho.

3. Una as orações com um PRONOME RELATIVO: (o qual, que, quem, cujo, onde, ...). Veja o exemplo.

> **Exemplo:** *Juca era o líder do grupo. Juca estava sempre bem atualizado.*
> *Juca, que estava sempre bem atualizado, era o líder do grupo.*

1. Pedro atropelou o cão. O dono do cão era seu vizinho.

_____

_____

2. Não conheço Campos de Jordão. Os noivos passaram a lua de mel em Campos de Jordão.

_____

_____

3. As primas de Cíntia vieram para o Brasil. As primas moram no Canadá.

_____

_____ .

4. Perdi a palestra. A palestra tratava da ISO 9000.

_____

_____ .

5. Você é médico? O médico deu alta pra minha mãe.

_____

_____ .

6. Esses são os pobres cães. Os cães foram pegos pela carrocinha.

_____

_____ .

4. Sublinhe as palavras que poderiam ser substituídas por um dos PRONOMES abaixo e indique-os.

| lo – o – a – as – lhe – lhes - o |

A: Oi, Vanessa. Você viu a Rita por aí?

B: Eu via a Rita perto da cantina, mas porquê?

A: Porque eu pedi à Rita para trazer o gravador pra aula de inglês.

B: Eu não vi o gravador com ela, não.

A: Mas ela disse que ia trazer o gravador sem falta.

B: Se ela realmente esqueceu o gravador, é só pedir para as senhoras da locadora de vídeo. Elas são muito legais.

A: Ah, mas de novo! Eu já pedi para as senhoras da locadora a semana passada.... Não tem jeito. A Rita se esqueceu mesmo de trazer o gravador. Será que as senhoras estão lá agora?

B: Ih! Eu acabei de me lembrar de que hoje cedo eu não vi as senhoras na locadora. Era um garoto que estava lá. Ele me disse que as senhoras tinham tirado o dia de folga.

A: Dia de folga? Mas justo hoje?!

5. Observe as INTERJEIÇÕES e termine as frases de acordo com o sentido pedido.

1. (estímulo) Firme! Continue ...

_____ .

2. (alívio) Ufa! Que bom ....

_____ .

3. (desejo) Tomara que ...

_____ .

4. (cansaço) Uf! Não vejo a hora de ....

_____ .

5. (silêncio) Psiu! As crianças .....

_____ .

6. (surpresa) Puxa! Eles realmente ....

_____ .

7. (alegria) Oba! Eu já....

_____ .

8. (dor) Ai! Como eu consegui ....

_____ .

9. (medo) Cruzes! Tire esta...

_____ .

10. (afugentando) Fora! Não ...

_____ .

6. Escolha a alternativa e a forma correta do IMPERATIVO para completar as frases. Que conselho seria mais recomendável e/ou adequado para dar a um amigo nas seguintes situações no trânsito?

1. Numa via de trânsito rápido, um carro de repente fecha a passagem de seu amigo. Você diz a ele:

a. ( ) _____ (dar) um sinal de luz, ou _____ (tocar) a buzina pra deixar claro que o motorista do outro veículo cometeu um erro.

b. ( ) Não _____ (fazer) nada, mas, se tiver oportunidade mais adiante, _____ (devolver) a afronta com uma manobra arrojada.

c. ( ) _____ (ficar) irritado mesmo, mas, por favor, _____ (reduzir) a velocidade e _____ (seguir) seu caminho.

2. Um pedestre atravessa a rua fora da faixa de segurança. Seu amigo fica furioso. Você diz a ele:

a. (   ) _____ (buzinar) pra chamar a atenção do pedestre, _____ (perguntar) em tom de brincadeira se ele quer morrer, _____ (desviar) dele e _____ (seguir) o seu caminho.

b. (   ) _____ (acelerar) um pouco, e _____ (dar) um susto no pedestre pra ele tomar mais cuidado na próxima vez.

c. (   ) _____ (parar) e _____ (esperar) que ele passe, _____ -lhe (dirigir) apenas um olhar de repreensão.

*(Fonte: texto adaptado de Stress no Trânsito, revista **Veja**, 11/08/99)*

7. a. Leia o texto.

Serra Negra
Panoramas, hotéis charmosos, culinária saborosa, encantos e muita animação

Por seu clima de montanha, ameno e oxigenado, suas fontes de águas minerais e sua exuberante beleza natural, o município recebeu o nome de Cidade da Saúde. É num belo contraforte da Serra da Mantiqueira, em vales cobertos de verde, perto da divisa com o sul de Minas, que se situa a Estância Hidromineral de Serra Negra integrando o Circuito das Águas de São Paulo. A cidade, rodeada de sítios e fazendas, foi fundada em 23 de setembro de 1828 pelo bragantino Lourenço Franco de Oliveira, mas somente um século depois, em 1829, foram descobertas as propriedades radioativas de suas águas. Em 24 de abril de 1945, foi elevada à categoria de Estância Hidromineral e hoje é um moderno centro turístico com rede hoteleira de nível internacional. Serra Negra é conhecida pela qualidade de suas fontes de água fria, oligominerais, radioativas, indicadas para vários tipos de tratamento. Embora receba inúmeros turistas, Serra Negra conserva o sossego e a paz das pequenas cidades do interior paulista, com a praça, o coreto e as charretes.

*(Fonte: **Guia do Turista**, p. 66)*

b. Responda às questões.

1. Por que Serra Negra é chamada de Cidade da Saúde?

_____ .

2. O que há de especial nas águas de Serra Negra?

_____ .

3. Em seu país, há uma ou mais cidades comparáveis à Serra Negra. Em que aspectos?

_____ .

c. Vocabulário - Encontre no texto o significado de:

1. Aquele que nasceu em Bragança Paulista

_____

2. Grupo de músicos de coral que canta ao ar livre

_____

3. Estupendo, maravilhoso

_____

8. No caça-palavras, encontre os especialistas descritos abaixo.

1. Aquele que trata das micoses, alergias, doenças da pele.

_____

2. Aquele que trata das gestantes, faz partos.

_____

3. Aquele que cuida das crianças.

_____

4. Aquele que cuida de idosos.

_____

5. Aquele que cuida das pessoas com algum problema emocional, depressão, traumas.

C	Y	R	E	T	C	V	B	A	Q	É	R	W	V
N	L	O	T	G	H	H	J	P	U	E	Q	W	E
A	S	S	W	E	R	G	G	S	K	P	R	T	U
C	X	Z	W	A	Q	D	F	I	E	E	M	J	L
I	H	C	V	B	N	M	R	C	W	D	Q	V	B
D	E	R	M	A	T	O	L	O	G	I	S	T	A
C	V	B	T	U	I	B	P	L	R	A	A	E	T
B	C	N	R	T	E	S	W	O	Z	T	Q	M	I
N	W	F	G	H	J	T	J	G	K	R	R	E	Q
H	X	C	V	B	R	E	W	O	A	A	E	T	U
E	U	I	O	S	A	T	X	C	B	N	T	R	Q
G	X	W	A	S	N	R	M	U	I	O	O	T	Q
T	X	G	E	R	I	A	T	R	A	B	R	T	E
U	A	B	C	D	E	F	G	H	I	J	K	L	M

9. Assinale a alternativa correta quanto à REGÊNCIA dos verbos.

1. a. Vou vê-la mais tarde.
   b. Vou ver-lhe mais tarde.

2. a. Informei-o do acontecido.
   b. Informei-lhe do acontecido.

3. a. Convidei-as para a cerimônia.

   b. Convidei-lhes para a cerimônia.

4. a. Sempre os vejo perto da praça.
   b. Sempre lhes vejo perto da praça.

5. a. Paguei-o a conta.
   b. Paguei-lhe a conta.

10. Que PREPOSIÇÕES estão faltando no texto?

mas	de	sem	à	de	por	em	do	das	de

Dar muita risada pode causar stress

Não é (1) _____ viver mal-humorado nem carrancudo, (2) _____ pesquisadores holandeses advertem: ficar rindo muito e gargalhando (3) _____ tudo (4) _____ parar pode levar o organismo (5) _____ beira (6) _____ um colapso (7) _____ *stress*. Isso porque a risada forte, embora não se perceba, tem reflexos (8) _____ praticamente todos os músculos (9) _____ corpo. O risco maior é (10) _____ pessoas que riem mexendo os ombros. A forma ideal de dar uma boa gargalhada é concentrar-se nos músculos faciais de forma que apenas eles sejam ativados.

(Fonte: texto adaptado da revista Isto É, 29/9/99)

11. Responda ao questionário, completando os espaços com o VERBO na 1ª pessoa do singular (eu).

Você tem qualidade de vida???

Qualidade de vida é mais do que ter uma boa saúde física ou mental. É estar bem com você mesmo, com a vida, com as pessoas queridas, enfim, estar em equilíbrio. E isso pressupõe muitas coisas: hábitos saudáveis, cuidados com o corpo, atenção para a qualidade de seus relacionamentos, balanço entre a vida pessoal e profissional, tempo para o lazer, saúde espiritual, etc. Ser competente na gestão da própria saúde e estilo de vida deve (ou deveria) fazer parte das prioridades de todo o mundo.

(Fonte: texto adaptado da revista Você s.a., fevereiro/2000)

Marque:
(0) Raramente ou nunca
(1) Algumas vezes
(2) Freqüentemente

Exemplo: *1. (1) Tomo (tomar) um bom café da manhã, com frutas, cereais, etc.*

2. ( ) _____ (comer) frutas e vegetais crus pelo menos duas vezes ao dia.

3. ( ) _____ (evitar) comer alimentos doces ou açúcar no dia-a-dia.

4. ( ) _____ (beber), no máximo, quatro cafezinhos por dia.

5. ( ) _____ (beber), no mínimo, cinco copos d'água por dia.

6. ( ) _____ (praticar) mais de 30 minutos de atividade física, pelo menos três vezes por semana.

7. ( ) _____ (evitar) drogas e tabaco.

8. ( ) _____ (ser) capaz de expressar minha raiva ou meu descontentamento para resolver os problemas, em vez de os engolir.

9. ( ) _____ (dedicar) à meditação ou ao relaxamento um mínimo de 15 a 20 minutos por dia.

10. ( ) _____ (dormir) bem, no mínimo 6 horas por noite.

11. ( ) _____ Não me (sentir) tenso ou ansioso, e gosto muito da minha vida.

12. ( ) _____ (acreditar) que minha vida tenha propósito e significado.

13. ( ) _____ (ver) o futuro como uma oportunidade a mais de crescimento.

14. ( ) _____ (fazer) atividades sociais em pelo menos três dias da semana.

15. ( ) _____ (ter) uma atividade (hobby, esporte, etc.) que gosto de (fazer/praticar) regularmente, mas não me sinto obrigado.

Pontuação

De 0 a 9: RUIM.   Sua qualidade de vida não anda nada bem. Procure mudar seus hábitos com urgência. Ainda há tempo!

De 10 a 18: BAIXA.   Sua qualidade de vida não é das melhores. Inicie mudanças concretas e os resultados logo aparecerão.

De 15 a 19: RAZOÁVEL.   Algumas noções você já tem. Verifique os pontos falhos e as deficiências e aja para melhorá-las.

De 20 a 24: BOA.   Seus esforços têm sido recompensados. Você foi picado pelo inseto da qualidade de vida. Isso é muito bom. Continue nessa!

De 25 a 30: EXCELENTE.   Parabéns! Você realmente conhece o sentido da vida. Sua gestão pessoal serve como exemplo para outras pessoas.

*(Fonte: texto adaptado da revista **Você s.a.**, fevereiro/2000, pp. 14 e 15)*

MÃOS À OBRA!

Ruberval – o síndico, em ...
'A Pauta de hoje'

"Bem, como pais (1) _____ conscientes da importância de vacinar (2) _____ nossos filhos, o conselho do condomínio decidiu (3) _____ contribuir na divulgação boca-a-boca da campanha de vacinação e também, através de panfletos informativos que fixaremos (4) _____ em padarias, farmácias... Pedimos a colaboração de todos para o sucesso dessa iniciativa."

Exercícios:

1. Acrescente ao texto acima os ADVÉRBIOS: realmente, muito, facilmente e sempre.

_____
_____
_____
_____
_____
_____
_____
_____

2. Substitua as palavras grifadas por: lhe, lhes, o, a, os, as. Faça as alterações necessárias.

a. Você vacinou **seus filhos** na última campanha de vacinação?

_____?

b. Você convenceu **sua vizinha** a divulgar a campanha?

_____?

c. Você entregou os panfletos **aos donos de padaria**?

_____?

d. Você pediu ajuda **ao zelador** para fixar os cartazes?

_____?

1. a. Relacione as orações.

1. ( ) Não tome nenhuma decisão quando estiver cansado ou nervoso
   ... **deixe a poeira baixar**, espere as coisas se normalizarem.
2. ( ) Seja humilde principalmente nas vitórias.
   Acostumar-se com a paisagem é muito perigoso (...) você pode **cair do cavalo**.
3. ( ) Ouça, pense e não fale por impulso.
   Se não houver a capacidade de **engolir sapos**, não há a capacidade de vencer.

a. O nervosismo, o cansaço impedem o bom senso, a clareza de raciocínio. Nesses casos, deveremos tomar decisões no dia seguinte.
b. No relacionamento com o mercado, com o concorrente, o cliente, o fornecedor, ou o funcionário, se você não conseguir suportar desaforos, comentários desagradáveis, não será possível pular obstáculos.
c. Você tem o direito de comemorar, mas cuidado para não ofender os outros, pois o mundo vira e a vitória de hoje pode ser a derrota de amanhã.

*(Fonte: texto adaptado de **Profissão: Vencedor** – Luiz A Marins Filho, Ph.D. – Casa da Qualidade Editora)*

b. Agora, escreva uma nova frase em que o significado das expressões esteja claro.

1. Deixar a poeira baixar _____.
2. Cair do cavaló _____.
3. Engolir sapo _____.

2. Una estas orações, usando as CONJUNÇÕES COORDENATIVAS abaixo da forma mais adequada. Faça as modificações necessárias.

> e - mas - nem - ou - por isso - porque

1. Fui ao banco. Coloquei umas cartas no correio.
   _____
2. Não o ofendemos. Não o elogiamos.
   _____
3. Você quer sair? Você quer ficar em casa?
   _____
4. Não li direito as instruções. Não consegui ligar o aparelho.
   _____
5. Compramos as passagens aéreas. Vamos viajar nas férias.
   _____
6. Fiz tudo sem ajuda. Consegui me sair bem.
   _____

UNIDADE 13

O LOCAL DE TRABALHO

CONJUNÇÕES

GUIA PARA CORRESPONDÊNCIA

REVISÃO

IMPERFEITO DO SUBJUNTIVO

DISCURSO INDIRETO

3. Relacione as orações.

1. Escreva-me
2. Entrou
3. Ficou tão cansado,
4. Se chover,
5. Conforme assegurei a vocês,
6. Chegaram
7. Concordamos com tudo
8. Como faltou luz,

(   ) as aulas foram suspensas.
(   ) assim que a festa acabou.
(   ) entreguei o relatório no prazo.
(   ) não viajaremos à praia.
(   ) para que ele parasse de reclamar de uma vez.
(   ) quando tiver tempo.
(   ) que não conseguiu sair depois do jantar.
(   ) sem que o autorizassem.

4. Complete as orações usando as CONJUNÇÕES do quadro abaixo.

> **à medida que - como - como também - embora
> já que - nem - pois - porém - portanto - que**

1. O time jogou bem; _____ não conseguiu a vitória.
2. Cecília não trabalha _____ estuda.
3. _____ dormi tarde demais, não consegui acordar na hora certa.
4. Comprei cheques de viagem em dólares, _____ vou viajar para os Estados Unidos.
5. _____ o projeto tivesse sido muito bem elaborado, não foi aceito.
6. Falou tanto, _____ ficou rouco no dia seguinte.
7. Elas não só estudavam, _____ trabalhavam muito para ajudar a família.
8. Não demore na rua, _____ preciso de você.
9. Todos já o alertaram, _____ não fale mais nada.
10. Ficamos mais e mais tensos _____ o momento se aproximava.

5. Você acaba de receber um *e-mail* de sua supervisora Daniela e precisará organizar sua agenda para que ela não se perca no meio de tantos compromissos. Boa sorte!

Olá,

Vou precisar ir a Cuiabá e gostaria de que você tomasse as providências necessárias, como marcar o vôo de ida e de volta. Há um que sai às 5h da manhã. Vou relacionar o que tenho que fazer.

Preciso estar em Cuiabá na terça, às 9h30, para participar da Reunião Anual de Gerentes da empresa. Serei responsável pela apresentação das estratégias de divulgação da empresa. Vai durar o dia todo. À noite, Keller, Ronaldo, Victor e eu gostaríamos de jantar em um restaurante de comida típica.

Na quarta, temos que visitar alguns clientes e, depois, vamos todos almoçar numa churrascaria. À tarde, vou à Casa do Artesão comprar *souvenirs*. À noite, tenho um *cocktail*.

Na quinta, o dia todo, participo de um *workshop*. À noite, preciso ligar para Helena e dar um *feedback* sobre o *workshop*.

Como, na sexta, terei o dia livre, veja se consegue encontrar uma excursão de um dia para o Pantanal. A volta para São Paulo está prevista para sábado de manhã, no mesmo horário da vinda.

Por favor, avise Helena de que vou direto do aeroporto pegá-la em casa para irmos à festa de aniversário de Renata.

Obrigada por atualizar a minha agenda.

Daniela

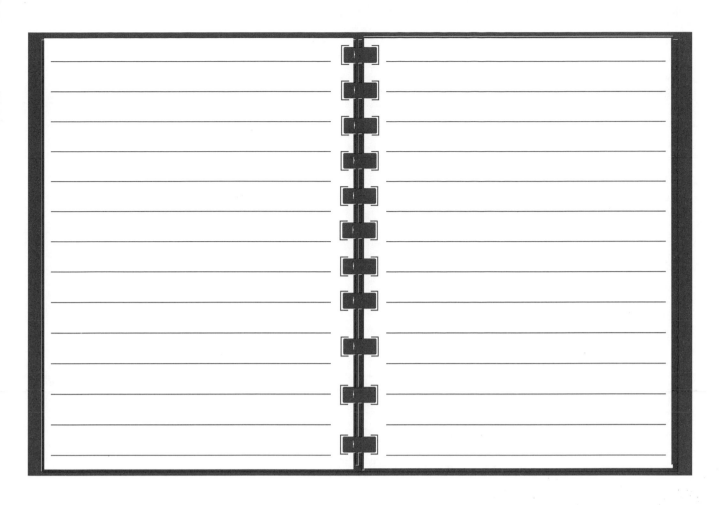

6. Imagine-se em cada uma das situações e responda: O que você faria se...

1. soubesse falar cinco línguas fluentemente?
_____.

2. soubesse que viveria 120 anos?
_____.

3. fosse eleito(a) Presidente do Brasil?
_____.

4. ficasse perdido no meio da selva amazônica?
_____.

5. encontrasse R$10.000,00 num envelope perto do Banco?
_____.

6. voltasse à sua infância?
_____.

7. encontrasse a lâmpada mágica de Aladim?
_____
_____.

8. não precisasse trabalhar mais?
_____.

9. encontrasse um bebê abandonado em frente à porta de sua casa?
_____
_____.

10. fosse a uma festa em que servissem apenas pratos exóticos de que você não gostasse?
_____
_____.

7. Leia o diálogo e, em seguida, responda às questões usando o DISCURSO INDIRETO. Obs: os verbos sublinhados devem ser mudados, mas faça também as outras modificações necessárias.

A: Bom dia. Meu nome é Augusta Chavez. Sou chilena e estou desde março no Brasil.

B: Quando você terminou a faculdade?

A: Terminei há cinco anos e agora quero fazer o curso de pós-graduação em Economia nesta universidade.

B: Quais os seu planos depois de terminar a pós-graduação?

A: Se eu conseguir o título de Mestre, darei aula numa universidade do meu país.

B: Você já tem um projeto?

A: Sim, ontem <u>fui conversar</u> com um professor sobre o meu projeto.

B: A sua família está no Chile?

A: Não, eu <u>vim</u> com o meu marido e meu filho. O meu marido veio a serviço e <u>ficará</u> quatro anos aqui no Brasil.

B: A criança ainda é pequena?

A: Sim, está com um ano.

B: Estudar e cuidar do bebê não será fácil, mas desejo sucesso a vocês. Caso você tenha alguma dúvida, <u>ligue</u> para a secretaria.

A: Obrigada.

1. Como ela se apresentou ao entrevistador?

Exemplo: *Ela disse que o nome dela era Augusta, era chilena e estava no Brasil desde março.*

2. Ela já tem o diploma do curso superior?
_____.

3. Por que ela foi entrevistada?
_____.

4. O que ela disse sobre os planos após a pós-graduação?
_____.

5. Ela já procurou algum professor para falar do seu projeto?
_____.

6. Ela veio sozinha ao Brasil?
_____.

7. Quanto tempo o marido dela ficará no Brasil?
_____.

8. O que o entrevistador disse para Augusta fazer em caso de alguma dúvida?
_____.

8. Complete o diálogo usando uma das palavras do quadro.

investimento - fila - débito automático
guichês - cartão magnético - caixa eletrônico

A: Otávio, você já pagou a conta de água e luz deste mês?

B: As duas já estão no (1) _____. O banco as debita automaticamente na minha conta corrente.

A: E o depósito que eu lhe pedi pra fazer?

B: Fui ao banco hoje de manhã, mas havia uma (2) _____ muito grande nos (3) _____ e só dois caixas funcionando. Então, resolvi fazer o depósito no (4) _____, aquela máquina em que usando o (5) _____ podemos fazer qualquer transação bancária.

A: Mas pensando bem, poderíamos ter feito o depósito por Internet, sem sair de casa.

B: É mesmo! Eu nem pensei nisso. Agora que temos acesso à rede, podemos fazer isso.

A: Mas será que dá para abrir uma conta ou fazer um (6) _____, uma aplicação?

B: Investimentos e aplicações, sim. Mas para abrir uma conta, não. É preciso ir ao banco para assinar os documentos necessários.

A: Mas ouvi falar que logo, logo será possível fazer isso por Internet também.

B: Mas será que isso é bom?

9. Cruzadinha! Encontre a palavra oculta, na vertical.

Exemplo: *(aposentadoria) Dispensa de serviço com saldo ou ordenado por inteiro, ou parte dele.*

B	H	R	E	S	W	C	V	B	N	M	K	U	I
A	P	O	S	E	N	T	A	D	O	R	I	A	O
D	F	I	M	P	R	E	S	S	O	R	A	G	Y
C	V	R	T	S	A	L	A	R	I	O	T	R	E
R	C	H	E	Q	U	E	R	G	H	J	U	I	O
H	G	D	T	U	I	F	E	R	I	A	S	E	R
W	Q	U	Y	K	C	O	F	R	E	Y	U	I	O
B	N	L	I	C	E	N	Ç	A	W	R	T	Y	U
B	G	R	A	M	P	E	A	D	O	R	E	R	G
F	R	T	U	I	O	P	H	S	Z	X	C	D	A

1. (_____) Máquina para imprimir os trabalhos feitos no computador.

2. (_____) Remuneração paga pelo empregador ao empregado de forma regular, normalmente por mês, correspondente ao trabalho prestado ou executado.

3. (_____) Ordem de pagamento de determinada quantia, dirigida a um banco, por pessoa ou firma, em favor de outra pessoa ou firma. Substitui o dinheiro preenchido com dados tais como: valor, local, data, assinatura, etc.

4. (_____) Época de descanso do trabalho ou da escola, após um período anual ou semestral de trabalhos ou atividades.

5. (_____) Local onde se guardam objetos de valor, tais como: dinheiro, jóias, documentos valiosos, etc.

6. (_____) Autorização para afastamento do serviço, devido a vários motivos: doença, gravidez, etc.

7. (_____) Pequeno aparelho manual para prender papéis com grampos.

10. Leia a carta abaixo recebida por Carlos. Em seguida, elabore a carta, que Carlos teria escrito em 06/08/2000, para Tapetes Soaves, antes de receber esta resposta.

CARTA COMERCIAL

A
Carlos Silva
NESTA

Prezado Carlos,

Em resposta à sua carta de 06/08/2000, esclareço que não havia recebido sua primeira comunicação. Confirmo, todavia, o recebimento das amostras que estão sendo analisadas com carinho.
Não recebi o orçamento que deveria ter vindo anexo. Você poderia enviá-lo novamente, por favor?
Assim que tivermos uma resposta, afirmativa ou negativa, voltaremos a entrar em contato.

Atenciosamente,

_____

Regina Silva
Gerente de Compras

A
Tapetes Soaves
NESTA

_____
_____
_____
_____
_____

Atenciosamente,

_____
Carlos Silva

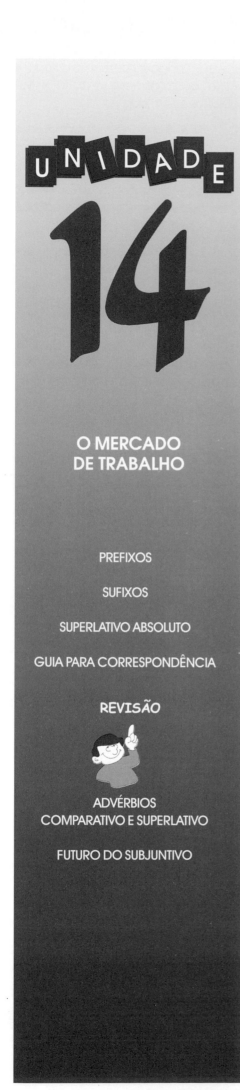

UNIDADE 14

O MERCADO
DE TRABALHO

PREFIXOS

SUFIXOS

SUPERLATIVO ABSOLUTO

GUIA PARA CORRESPONDÊNCIA

REVISÃO

ADVÉRBIOS
COMPARATIVO E SUPERLATIVO

FUTURO DO SUBJUNTIVO

1. Muitas vezes acontece que, numa conversa, não podemos ou não queremos externar nossos sentimentos. Isso também é expresso pelo nosso corpo.

a. Analise as figuras e relacione os dizeres dos balões a cada parte do corpo indicada.

*(Fonte: texto adaptado de **O Corpo Fala**, Pierre Weil e Roland Tompakow, Ed. Vozes, p.153)*

1. Lábio presos entre os dentes (   )
2. Braços cruzados e joelhos encostados (   )
3. Mão apoiando o queixo e cotovelo sobre a mesa (   )
4. Mão tampando a boca (   )

b. A linguagem corporal pode dizer muito mais do que se imagina! Numere de 1 a 4, de acordo com as frases acima.

a. (   ) Quero esconder a minha indecisão.
b. (   ) Prefiro não me comunicar.
c. (   ) Quero me proteger, fecho-me para não ser atingido.
d. (   ) Sou contra isso!

2. Responda às seguintes questões.

Com que freqüência você...

1. assiste a filmes de terror? _____.

2. manda e-mails desejando feliz aviversário para seus amigos? _____.

3. dá informação na rua para brasileiros? _____.

4. tira uma soneca depois do almoço? _____.

5. estuda ou trabalha com o rádio ligado? _____.

6. no sonho, fala em português? _____.

7. assiste aos dois tempos de um jogo de futebol? _____.

8. prepara um suculento prato para o almoço de domingo? _____.

3. Escreva a fala de A usando o FUTURO DO SUBJUNTIVO. Veja o exemplo.

> **Exemplo:** **A:** _Só vou aceitar o emprego se me pagarem um bom salário._ _(aceitar o emprego)_
> **B:** _Estamos pagando um ótimo salário._

1. A: _____
_____.(entregar a mercadoria)
   B: Trarei os documentos sem falta.

2. A: _____
_____. (poder atender)
   B: Então, vou falar para ela vir aqui, amanhã bem cedo.

3. A: _____
_____. (levar ao cinema)
   B: Tomara que não chova!

4. A: _____. (ir à festa)
   B: Mas eu ainda não sei se irei ou não.

5. A: _____.(viajar)
   B: Com certeza, amanhã já estarei bem melhor.

4. Coloque os VERBOS do texto abaixo no tempo adequado.

Paradinha Estratégica

Construir ilhas de descanso no serviço (1) _____ (criar) espaços que estimulam o bate-papo entre os funcionários e (2) _____ (agregar) conforto à já prazerosa hora do café. Essas solicitações (3) _____ (estar) se (4) _____ (tornar) cada vez mais comuns nos projetos de construção ou reforma de ambientes de trabalho. As medidas (5) _____ (surpreender) pela eficácia, (6) _____ (melhorar) a produtividade, a qualidade do trabalho e as relações pessoais. "O forte hoje (7)_____ (ser) o trabalho em equipe. As pessoas (8) _____ (precisar) trocar idéias, se (9) _____ (conhecer). Por isso (10) _____ (ser) importante (11)_____ (criar) ambientes caprichados para um cafezinho", opina a arquiteta Elisabetha, da Arquigraph, empresa especializada em planejamento de escritórios. Ela (12) _____ (explica) que os espaços individuais estão menores – já que não (13) _____ (ser) preciso mais do que um computador e um telefone para (14) _____ (fazer) contato com o mundo – e as áreas comuns cada vez mais incrementadas.

(Fonte: texto adaptado de Rita Moraes, revista **Isto É**, 15/01/2000)

5. Escolha quatro dos tópicos e complete as frases ao lado.

1. Marido e mulher devem tirar pelo menos uma semana de férias separados um do outro.
2. Os filhos nunca devem levar palmada dos pais.
3. Para receber mesada, a criança ou o jovem deve ser responsável por alguma tarefa doméstica.
4. Todo pai deve olhar o boletim escolar cada vez que a escola emitir um.
5. Irmãos devem emprestar roupas uns aos outros.
6. Os filhos mais velhos devem ajudar os pais a educar e a controlar os irmãos mais novos.
7. Maiores de 16 anos podem dirigir carro desde que um dos pais esteja ao lado.
8. Os avós devem ser ouvidos na educação dos netos.
9. De vez em quando, mulheres casadas podem sair com o(s) amigo(s) dela(s) sem a presença do marido.
10. Maiores de 16 anos devem ser responsáveis pelos seus atos civis e criminais.

1. Sobre o tópico número _____
Em geral, _____
_____.
Na minha opinião, _____
Entretanto, _____
_____.

2. Sobre o tópico número _____
O interessante é que _____
_____.
Por isso, _____
_____.

3. Sobre o tópico número _____
A maioria das pessoas acha que _____
_____.
Para mim, _____
_____.
É por isso que _____

4. Sobre o tópico número _____
Parece-me que (me parece que) _____
_____Mas,
Assim, _____
_____.

6. Leia os seguintes anúncios de emprego e responda às perguntas ou complete as frases.

A

Engenheiro de Compras

Requisitos: Graduação em Engenharia, inglês fluente, 3 anos de experiência em Compras Estratégicas, que assegurem uma sólida implantação de negócios/novos produtos. Possibilidades de viagem ao exterior.

Salário Inicial: R$1.500,00 com possibilidades de promoções rápidas.

Oferecemos: ticket refeição e vale transporte.

Enviar Curriculum Vitae para Caixa Postal 1234, Cep: 13056-970 – Campinas, sob a sigla ENG.

B

Engenheiro de Processos

Requisitos: Formado em Engenharia Mecânica, Química, Eletrônica; experiência mínima de 5 anos em Fabricação de Fibras Ópticas; utilização de Ferramentas de Qualidade; domínio do software: Excel, Auto Cad e MS Project.

Salário Inicial: R$2.000,00.

Oferecemos: assistência médica completa.

Enviar CV para Caixa Postal 246 – CEP 12020-980 – SP, sob a sigla Processos

C

Engenheiro Mecânico

Requisitos: Experiência em manutenção de equipamentos e conhecimento de avaliações e vistorias técnicas. Disponibilidade para viagens; organizado.

Salário Inicial: R$1.700,00.

Oferecemos: todos os benefícios de uma empresa de grande porte, tais como assistência médica completa, ticket refeição, vale transporte, cesta básica, prêmio sobre produção.

Enviar CV para a R. Ibirapitanga, 236, sala 307 – SP CEP 13027-278, sob a sigla Engenheiro Mecânico

1. Qual deles oferece melhores condições? Quais são essas condições?
_____
_____
_____.

2. Qual dos anúncios exige menor tempo de experiência?
_____
_____.

3. O emprego da firma A _____
_____
_____
_____.

4. O emprego da firma B _____
_____
_____.

5. O emprego da firma C _____
_____
_____
_____.

6. A qual destes empregos você gostaria de se candidatar? Por quê? _____
_____
_____
_____.

7. SUPERLATIVO ABSOLUTO. Faça as modificações conforme o exemplo.

Exemplo: *Jorge sempre me ajuda. Ele é <u>muito amável</u>. → Ele é <u>amabilíssimo</u>.*

1. Teresa é <u>muito simpática</u>. Todos gostam dela. → _____
_____

2. Ana e Lúcia são <u>muito amigas</u>. Estão sempre juntas. → _____
_____

3. Lavei a camisa com um novo detergente. Ficou <u>bem branca</u>. → _____
_____

4. Aquela loja está liqüidando todo o estoque de produtos. Estão <u>bem baratos</u>. → _____

5. Para ganhar a competição, ele fez um esforço <u>muito grande</u>, mas valeu a pena. → _____
_____

6. Sandra era <u>muito magra</u> porque comia <u>muito pouco</u>. → _____
_____

8. a. Leia o texto atentamente.

Feng Shui /fonsuei é uma arte milenar chinesa de organização de espaço. Considere-o a acumpuntura da construção. Assim como o acumputurista utiliza agulhas para ajustar o fluxo energético do organismo, o consultor de feng shui usa objetos para redirecionar o fluxo em um ambiente interno ou externo. A habilidade do acumputurista traz saúde para o paciente; o trabalho do mestre de feng shui cria um ambiente saudável e equilibrado. Ambos somam incomensuravelmente para a qualidade da vida humana.

Dito de forma mais simples, o feng shui é um sistema de organização ou arranjo do ambiente de modo que ele esteja em harmonia e equilíbrio com a natureza. Quando o nosso ambiente é sereno e está em harmonia com as poderosas forças universais, nós também estamos. E o mesmo ocorre com nossa vida.

Os princípios do feng shui podem ser aplicados ao arranjo de um vaso de flores ou à planta de todo um projeto arquitetônico. Com o feng shui apropriado podemos favorecer, em nossa vida, o aspecto financeiro, os relacionamentos, a criatividade – dependendo de quais sejam as nossas metas. À medida que aprendemos sobre o feng shui e começamos a colocar em prática suas técnicas, ganhamos mais controle sobre nossa vida e vantagem em nossos esforços pessoais e profissionais.

*(Fonte: texto adaptado de **Feng Shui no Trabalho**, Kirsten M. Lagatree, Ed. CAMPUS)*

b. Responda de acordo com o texto.

1. Qual é o objetivo do Feng Shui?

_____
_____
_____
_____
_____

2. Como essa técnica pode contribuir para o nosso bem-estar?

_____
_____
_____
_____

c. Encontre no texto palavras que possuam os PREFIXOS ou SUFIXOS abaixo e complete o quadro com outras palavras que possuam o mesmo radical sugerido.

Exemplo: sufixo - ico	energético	prático	fanático	frenético
prefixo - **re**				
sufixo - **ista**				
sufixo - **vel**				
sufixo - **dade**				
sufixo - **gem**				
prefixo - **in**				

9. CRUZADINHA! Na cruzadinha abaixo, vamos procurar palavras referentes a TIPOS DE TRABALHO.

HORIZONTAIS:

1. (_____) Situação transitória de aprendizado de especialização que alguém faz numa organização pública ou particular. Geralmente ocorre nos últimos anos de faculdade ou universidade.
2. (_____) Período de especialização médica, obrigatório a todos os aspirantes a doutor.
3. (_____) Pequenos ganhos avulsos, biscate.
4. (_____) Período de trabalho total.

VERTICAIS:

1. (_____) Provisório, transitório.
2. (_____) Que supre, que pode ser chamado a desempenhar certas funções, na falta daquele a quem elas competiam efetivamente.
3. (_____) Estável, firme.
4. (_____) Serviços noturnos em hospitais, redações de jornais, fábricas, etc.

10. Leia o diálogo entre Teresa e seu chefe, o Sr. Antônio. Ele dá instruções a Teresa para obter informações sobre a empresa T B Idiomas. Escreva uma carta como se fosse Teresa.

A: Teresa!

T: Pois não, doutor Antônio.

A: Por favor, mande uma carta por fax ou e-mail à Torre de Babel, a escola onde faço meu curso de espanhol.

T: Aquela na Avenida Paulista?

A: Sim. Oficialize minha requisição de um orçamento para aulas de inglês e espanhol para nossos funcionários.

T: Que bom! Durante o expediente?

A: De preferência de manhã cedo ou na hora do almoço.

T: No fim do expediente não?

A: Não... no fim do dia, todo mundo já está muito cansado. Não acredito que o aproveitamento seja bom.

T: E as aulas para os estrangeiros?

A: Ah, sim! Já ia me esquecendo. Peça também aulas intensivas para os ingleses e franceses que estarão chegando na próxima semana.

T: E para as famílias?

A: Também... na casa deles ou no hotel, num primeiro momento. Diga que é urgente.

T: Só isso?

A: Sim. Eu assino, está bem?

T: Pois não.

CARTA COMERCIAL

76

Você é organizado?
Você é uma pessoa/um funcionário organizado(a)?
Meu café está por aí, embaixo de alguma coisa!

Se você é muito desorganizado, se sua mesa está coberta por pilhas de papéis, se há livros espalhados pelo chão, e você ainda não encontrou aquele par de sapatos que usou quarta-feira passada e se você ainda está procurando aquele memorando que você precisa mandar urgente para seu chefe...

ALGUMA COISA ESTÁ ERRADA...

✓ Você perde um tempo monumental procurando as coisas.

✓ Você está dando um péssimo exemplo à sua equipe.

✓ Sua sala não será um lugar adequado para discutir sobre negócios.

✓ Você estará sempre se atrasando ou perdendo prazos porque não conseguirá encontrar as coisas.

Aqui estão algumas estratégias de sucesso.

Dê uma solução a cada folha de papel, assim que ela chegar à sua mesa: leia, arquive ou jogue fora em seguida. Não a deixe sobre a mesa. Mantenha uma relação das coisas que você precisa fazer diariamente, estabelecendo prioridades. Crie um sistema de arquivamento simples, mas eficiente. Retorne os telefonemas assim que for possível. Tente minimizar as interrupções e arranje uma cesta de lixo bem grande.

*(Fonte: texto adaptado de **101 segredos para ser um Supervisor bem-sucedido** – Peter Garber e Mark Loper- Ed. Futura)*

1. a. Encontre no texto palavras que tenham o mesmo significado ou a mesma idéia que as palavras abaixo.

1. soltos, desordenados, fora do lugar _____

2. documento interno de uma empresa _____

3. o que se faz primeiro, por se considerar mais importante _____

4. diminuir _____

5. tempo a ser estipulado ou cumprido para o recebimento ou entrega de algum documento ou mercadoria _____

b. PREFIXOS E SUFIXOS!!! Preencha o quadro, como no exemplo. Se necessário, consulte *Bem-Vindo!*, **p. 132, Unidade 14.**

Palavras do texto	Prefixo/sufixo	Significado do prefixo/sufixo	Outras palavras com o mesmo prefixo ou sufixo
1. monumental	-al	formar o adjetivo	genial, fenomenal, infernal
2.	-mente		
3.		negação, ação contrária	
4.			atraente, persistente, aparente
5. arquivamento			

2. Complete as frases com os SUBSTANTI-VOS abaixo.

> **flora – platéia – multidão**
> **elenco - fauna – orquestra**

1. A _____ aplaudiu de pé o _____ ao terminar a peça.

2. Quando os artistas estavam saindo do teatro, uma verdadeira _____ os esperava do lado de fora para pedir autógrafos.

3. A _____ que tocou durante a apresentação do ballet foi de primeira!

4. O tuiuiú é o pássaro símbolo da _____ do Pantanal Mato-grossense (pantaneira).

5. A _____ da Amazônia é rica em plantas medicinais.

3. Circule a palavra ou expressão adequada.

1. Qual foi **a féria/as férias** da loja hoje?

2. Estou morrendo de dor **na costa/nas costas**. Acho que é de tanto ficar sentada.

3. O ex-presidente José Sarney foi eleito membro da Academia Brasileira de **Letra/Letras**.

4. O **vencimento/os vencimentos** da duplicata **foi prorrogado/foram prorrogados** devido ao atraso da entrega.

5. Quando uma pessoa é suspeita de enriquecimento ilícito, o juiz pode declarar **seu bem indisponível/seus bens indisponíveis** até a completa apuração do caso.

4. Seu amigo acabou de chegar ao Brasil. Explique a ele, em outras palavras, o significado das palavras grifadas nas frases abaixo.

1. 'Que baita <u>cardume</u> passou próximo ao veleiro!'
   _____
   _____.

2. Um <u>enxame</u> perto da colméia foi a causa da cicatriz em seu rosto.
   _____
   _____.

3. Todo o <u>elenco</u> está de parabéns! Apresentaram-se muito bem.
   _____
   _____
   _____.

4. O <u>congresso</u> se reuniu para definir o futuro da <u>fauna</u> e <u>flora</u> do país.
   _____
   _____
   _____.

5. Prepare perguntas para as informações contidas no anúncio abaixo.

Exemplo: *Qual é o salário oferecido?*

1. O que _____?

2. Quantos _____?

3. _____?

4. _____?

5. _____?

Engenheiro de Compras
Requisitos: Graduação em Engenharia, inglês fluente, 3 anos de experiência em Compras Estratégicas.
Salário Inicial: R$1.500,00 com possibilidades de promoções rápidas.
Oferecemos: ticket refeição e vale transporte.
Enviar Curriculum Vitae para Caixa Postal 1234, Cep: 13056-970 – Campinas, sob a sigla ENG.

6. Reescreva o texto transformando o sujeito simples em SUJEITO INDETERMINADO.

Beatriz precisa de ajuda para levar o cão para vacinar. Seus amigos prometeram ajudar, mas tiveram de viajar. Beatriz, então, telefonou para Juca, que estava ocupado e pediu mil desculpas por não poder ajudar. Juca sugeriu conversar com Marcos. Aí, Marcos disse que, se fosse à tarde, poderia ajudar. Naturalmente, Beatriz aceitou. Lá pelas 4 horas, Marcos apareceu de perua, porque ele já sabia que era um enorme cão-fila. Beatriz e Marcos levaram o cachorro à clínica veterinária mais próxima. Lá, o veterinário que os atendeu vacinou o animal, mas disse que o cão devia ter algum problema. O veterinário marcou uma consulta para a semana seguinte. Beatriz vai precisar procurar, outra vez, alguém para ajudar a levar o cachorro ao veterinário. Vai ter de repetir a mesma via-crucis na próxima semana.

Exemplo: *Precisam de ajuda para levar o cão para vacinar. Prometeram ajudar, mas...*

_____
_____
_____
_____
_____
_____
_____
_____
_____.

7. Leia as seguintes situações e reescreva-as numa FORMA POLIDA.

1. Peça para ligar o ar-condicionado.
_____
_____?

2. Pergunte se o assento está vago.
_____
_____?

3. Peça permissão para ligar para sua casa.
_____
_____?

4. Pergunte se pode usar o telefone.
_____
_____?

5. Peça para explicar o que foi dito.
_____
_____?

8. Coloque os seguintes recados no DISCURSO INDIRETO.

1.
Márcia
Traga-me amanhã o livro e as fitas, pois vou usá-los na aula de quinta-feira.
        Obrigada.
           Miriam

_____
_____
_____.

2.
Edson
Não irei ao escritório na sexta, porque surgiu um imprevisto e vou ter que viajar para o Rio.
Ligarei assim que voltar.
        Abraços,
           Júlio

_____
_____
_____.

3.

> Profª.Sílvia
> Fiz boa viagem aos Estados Unidos e fui bem rece-
> bido pela família americana.
> Acho que vai ser uma ótima experiência e espero
> voltar fluente em Inglês.
>   Obrigado pelas aulas.
>   Eduardo

_____
_____
_____
_____
_____
_____
_____
_____ .

9. Vamos identificar a palavra _a_ no diálogo? Escreva (1) para PREPOSIÇÃO, (2) para ARTIGO e (3) para PRONOME OBLÍQUO.

A: Você viu **a** (   ) Márcia?

B: Não **a** (   ) vi hoje, mas ela disse **a** (   ) meu pai que ia **a** (   ) Brasília.

A: Mas acho que ela cancelou **a** (   ) viagem devido **ao** (   ) mau tempo.

B: Quer que eu peça **a** (   ) ela que telefone pra você?

A: Bom, se você **a** (   ) encontrar, diga **a** (   ) ela que telefone **a** (   ) João. Ele estava querendo falar com ela.

B: Se ela não viajou **a** (   ) Brasília, vou convidá-**la** (   )

para assistir **a** (   ) um filme. Vou **à** (   ) casa dela agora. Ela mora pertinho daqui.

A: Espero que **a** (   ) encontre. João parecia deses-perado, querendo falar com ela!

10. O MAIS-QUE-PERFEITO é uma conju-gação verbal utilizada normalmente na linguagem formal e literária e raramen-te empregado na linguagem falada, em que, normalmente, é substituído pelo PRETÉRITO PERFEITO COMPOSTO (Ver _Bem-Vindo!_, Unidade 11, p. 102). Indica um fato passado anterior a outro também passado. Substitua, nas frases, os VERBOS no PRETÉRITO PERFEITO COMPOSTO pela forma equivalente no MAIS-QUE-PERFEI-TO DO INDICATIVO.

> Exemplo: _Quando chegamos, a famí-lia já almoçara. (ou tinha/ havia almoçado)_
> _1ª ação passada → almoçar;_
> _2 ª ação passada → chegar_

1. **Tínhamos pensado** que você não pudesse aju-dar.

_____ .

2. Júlia **tinha imaginado** que estávamos ricos.

_____ .

3. Sempre se soube que ele **tinha levado** uma vida de economia e moderação para conseguir sobre-viver com aquela aposentadoria tão miserável!

_____ .

4. Nada puderam fazer, pois o menino **tinha obtido** permissão dos pais.

_____ .

5. Como não **tinha conseguido** o visto, teve que desistir da viagem aos Estados Unidos.

_____ .

11. Preencha a cruzadinha com palavras relacionadas aos MEIOS DE COMUNICA-ÇÃO usados por uma empresa.

> internet - memorando
> fax - malote - motoqueiros
> telefonema - cartas - intranet

HORIZONTAIS:

1. (   ) Sistema de transmissão elétrica de docu-mentos impressos, fotografias ou desenhos.

2. (   ) Impresso comercial, de formato menor que o de carta, usado para breves comunicações.

3. (   ) Interconexão de redes de informática que permite aos computadores conectados comunicar-se diretamente.

4. (   ) Comunicação manuscrita ou impressa acondicionada e endereçada a uma ou mais pes-soas. (plural)

1. (   ) Comunicação telefônica
2. (   ) Serviço de entrega rápida, executado por um pessoal dirigindo motos (plural)

3. (   ) Serviço particular para transporte e entrega rápida de correspondência ou encomendas
4. (   ) Sistema de redes menores, geralmente para uso de uma única organização

12. O chefe de Miriam, Sr. Jacob, fez uma viagem ao exterior e tem uma série de reclamações a fazer à agência de viagens com a qual sua empresa trabalha. Ele passa as queixas a Miriam, que faz a seguinte lista para ser usada como lembrete ao escrever sua mensagem eletrônica (e-mail):

· o lugar do Sr. Jacob não estava marcado no avião;
· a agência não havia informado seu número de cliente preferencial ao fazer a reserva;
· o apartamento reservado no hotel era para fumantes e o Sr. Jacob é alérgico a cigarros;
· a diária do hotel não incluía café da manhã;
· não havia transporte organizado para a translado ao aeroporto na volta para o Brasil.

CARTA COMERCIAL

Escreva a mensagem enviada por Miriam à agência de viagens.

_____
_____
_____
_____
_____
_____
_____
_____
_____
_____
_____
_____

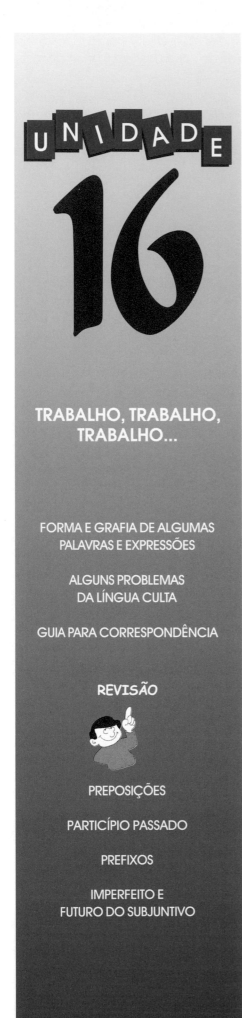

1. Leia o texto abaixo e complete com as CONTRA-ÇÕES do quadro.

> pela (2x) - dos - ao - no - da
> nas - na (4x) - pelo - aos - do

Muito além do ego

Aqui (1) _____ França, algumas dúzias de brasileiros passaram a semana meio que vingando sua Pátria (2) _____ estrago causado por Zidane dois anos atrás. Certo de que o Festival Internacional da Publicidade, que aconteceu nessa semana em Cannes, na Riviera Francesa, não é a Copa do Mundo. Nem nenhum de nós aqui um Rivaldo. Mas que o Brasil sempre consegue marcar gols de placa (3) _____ *Palais des Festivals*, lá isso consegue. Logo na abertura do campeonato, ou melhor, do festival - o mais badalado da propaganda mundial e onde o Brasil chegou com o *status* de bicampeão, por conta dos dois títulos conquistados pela DM9DDB em 1998 e 1999 -, o Brasil conquistou o Grand Prix (4) _____ competição de peças publicitárias criadas para Internet. E esse foi só o primeiro golaço: depois disso, nosso time só daria alegria atrás de alegria. Fomos o país mais premiado (5) _____ competição de anúncios para a mídia impressa, ficando um prêmio à frente da toda poderosa seleção inglesa. Depois, comemorando com soco (6) _____ ar, (7) _____ melhor estilo artilheiro, o jurado brasileiro de casos de mídia, Paulo Queiroz, festejou os três "Leões" - o nome que por aqui dão (8) _____ nossos gols - conquistados pelo Brasil, novamente o primeiro na categoria, desta vez com um "Leão" a mais que EUA e Inglaterra, que terminaram empatados em segundo.

Mas por que se fala tanto do Festival de Publicidade de Cannes? O festival de Publicidade de Cannes é o maior e mais significativo evento (9) _____ propaganda mundial. Já o festival de cinema que acontece (10) _____ mesma cidade, por mais charmoso que seja, não é o número um do mundo, pois perde para a força arrasadora da "máquina" (11) _____ divulgação (12) _____ estúdios americanos; nem (13) _____ menos no Brasil, causa grande impacto (14) _____ bilheterias dos cinemas. Já o festival que acaba de acontecer no Sul da França faz (15) _____ publicidade o que só o Oscar é capaz de fazer (16) _____ indústria cinematográfica: quando um anúncio, comercial ou banner para Internet ganha uma "Leão", o troféu gera muito mais que afagos no ego dos publicitários.

(Fonte: texto adaptado de Jáder Rossetto, revista **Isto É**, *1604 28/06/2000)*

2. Como você supõe que será a sua vida daqui a dez anos com relação aos tópicos relacionados a seguir? Escreva sobre as suas previsões.

Exemplo: *Daqui a dez anos não estarei morando mais na Suécia. Já terei me mudado para o Brasil.*

trabalho - moradia - viagens relacionamento pessoal e/ou familiar - sonhos relizados.	

_____
_____
_____
_____
_____
_____
_____
_____
_____
_____
_____ .

3. Complete as sentenças com POR QUE, POR QUÊ, PORQUE ou PORQUÊ.

1. Não se aborreça, _____ isso passa logo.
2. Só _____ não fui à casa dele, ficou muito bravo comigo.
3. Você não saiu ontem, _____?
4. _____ cheguei tão tarde? Quer saber _____ ?
5. Sabe _____ ela não veio?
6. Desconheço o _____ de sua recusa.
7. Sempre saio a essa hora _____ não posso me atrasar.
8. Nem o governo sabe o _____ da inflação.
9. Ele não vai à festa, _____?

4. Complete as sentenças com MAL ou MAU.

1. O goleiro não defendeu o pênalti, pois estava _____ posicionado.
2. Como é desastroso ter um _____ administrador.
3. A patroa recebia a empregada sempre de _____ humor.
4. Não confunda o bem com o _____.
5. Ricardo nem sempre foi um _____ aluno.
6. Eles começaram a sentir-se _____ logo após o almoço.

5. Complete as sentenças com MAS (= porém), MAIS (+) ou MÁS (= ruins).

1. Brigaram muito, _____ continuam amigos.
2. Todas as amizades _____ devem ser evitadas.
3. Andou comendo _____ do que devia?
4. Esta é a flor _____ bonita que já vi, _____ dura tão pouco!
5. Hoje compramos _____ verduras e menos frutas.
6. Tivemos aumento salarial, _____ a inflação foi maior.

6. Leia o cartão-postal, encontre as palavras usadas inadequadamente e corrija-as. Consulte a p. 152 de Bem-Vindo!

Porto Seguro, 15 de novembro de 2000.

Querida Bete, cerca
Estamos aqui acerca de uma semana. Viemos para cá afim de descansar e dar belos mergulhos nesta praia abençoada, mais até agora não tive a chance de dar se quer um mergulho. Mas a paisagem é de mais! Em meio a este ambiente natural, lembrei-me de você. Com certeza, você adoraria este lugar! Quando tiver oportunidade, não deixe de vir conhecer este paraíso. Estou tirando um monte de fotos pra te mostrar.
Beijos da sua amiga Lu.

7. Leia agora o seguinte conto e complete-o com uma das palavras ou expressões abaixo.

> de encontro a/ao encontro de – na medida em que/à medida que – a/há a par/ao par – se não/senão – onde/aonde

_____ muitos anos, em um país distante, _____ nenhum ocidental ousou chegar, havia um príncipe. Ele tinha 17 anos, mas, _____ ia crescendo, aumentavam suas dúvidas quanto ao seu modo de vida, pois estava _____ das dificuldades pelas quais passavam seus súditos. Resolveu largar tudo e viver por algum tempo em meio ao seu povo. Os reis, seus pais, sabiam que, _____ lhe dessem permissão, o filho seria eternamente infeliz. Depois de algum tempo, tendo já assimilado o modo de vida do povo, o príncipe se tornou feliz. As dificuldades iam _____ que buscava: algo por que lutar, pessoas a quem ajudar e a satisfação de ter feito algo para melhorar o mundo.

8. Complete com as formas adequadas do PARTICÍPIO PASSADO.

1. Que confusão você fez! Esta conta já tinha sido _____ no mês passado. (pagar)
2. Pedro estava muito empolgado com as aulas de inglês. Nunca antes em sua vida, tinha _____ um curso de idiomas. (fazer)
3. Durante a partida de vôlei, o chão foi _____ muitas e muitas vezes para o jogo prosseguir. (enxugar)

4. Estamos certos de que eles não teriam _____ a proposta caso soubessem toda a verdade. (aceitar)
5. Todos eram unânimes em afirmar que o discurso tinha _____ bem elaborado. (ser)
6. Eu nunca tinha _____ o trem tão cheio! Parecia sardinha em lata! (pegar)

9. Substitua a (?) pelo verbo adequado no IMPERFEITO ou FUTURO DO SUBJUNTIVO, e complete o quadro.

> Exemplo: a. Se você ? dinheiro, poderia comprar o livro.
> b. Se você ? o número do telefone, poderei ligar agora mesmo.

1 a. Se você ? à farmácia, compre-me este remédio.
   b. Se você ? à festa, encontraria com a Joana.
2 a. Se eu ? você, compraria este carro.
   b. Ele disse-me que só aceitará a proposta se ? lucrativa para a empresa.
3 a. Se eu ? de carro, é rápido. Levo uns dez minutos.
   b. Se ele ? de carro, daria para levar estas caixas hoje.

4 a. Se você ? o cãozinho, ficaria com vontade de comprá-lo.
   b. Se você ? alguma pessoa suspeita, avise-me.

5 a. Se você ? o perfume, eu o compraria.
   b. Se você ? todos os documentos, poderá abrir uma conta bancária.

	VERBO	a	b
Exemplo:	ter	tivesse	tiver
1.			
2.			
3.			
4.			
5.			

10. **a.** Leia as palavras do quadro e escreva abaixo a palavra com o seu ANTÔNIMO. (Há quatro palavras que não têm seu ANTÔNIMO no quadro.)

eficaz	desconhecida	menor	moderna
experiente	antiga	forte	inexperiente
inexpressiva	séria	importante	pior
frágil	ousada	renomada	criativa
corajosa	melhor	covarde	ineficaz
desorganizada	maior	expressiva	**organizada**

Exemplo: *organizada – desorganizada*

_____
_____
_____
_____
_____

b. Com qual desses quatro ADJETIVOS que restaram a sua empresa se identifica mais?

_____
_____

11. **Dar, aceitar e recusar sugestões.**

1. Dê sugestões.

a. Sua amiga quer ir à churrascada, mas vai ser num sítio. Ela tem o mapa, mas não conhece a estrada direito. Você também recebeu o convite.
Exemplo: *Você gostaria que eu fosse com você pra te mostrar o caminho?*

b. Seu amigo foi a um restaurante e acha que esqueceu a pasta lá.

_____
_____

c. Seu amigo quer ir trabalhar temporariamente no exterior, mas está em dúvida se vai levar a esposa e os filhos.

_____
_____

2. Aceite ou recuse a sugestão.

a. Eu acho que você deveria assistir aos noticiários em português.

_____
_____ .

b. Por que você não fica em albergue quando viaja? Sai bem mais barato que hotel.

_____
_____ .

12. Na cruzadinha, encontre palavras relacionadas a: RENDIMENTOS DE UMA EMPRESA, na horizontal, e DESPESAS DE UMA EMPRESA, na vertical.

HORIZONTAIS:

1. (_____) Cota-parte do capital das sociedades anônimas (plural).
2. (_____) Tipo de investimento.
3. (_____) Ato ou efeito de vender (plural).
4. (_____) Ato de aplicar ou empregar capitais em negócios (plural).
5. (_____) Auxílio técnico com conhecimentos especializados, oferecido a pessoas físicas ou jurídicas sobre um dado assunto.

VERTICAIS:

1. (_____) Aquisição de materiais (plural).
2. (_____) Aplicação da riqueza na satisfação das necessidades econômicas do homem, tais como: luz, água, gás, etc.
3. (_____) Remuneração.
4. (_____) Tributo que as pessoas físicas ou jurídicas pagam ao Estado (plural).
5. (_____) Obrigação, responsabilidade por dívidas passivas (plural).

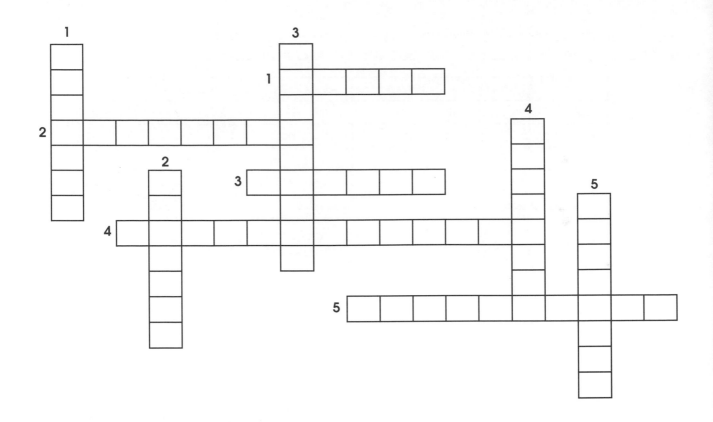

13. Você é o ex-presidente da Empresa FIT e está aposentado. Escreva os textos para os seguintes telegramas. Siga as instruções quanto à linguagem formal ou informal.

1. (Formal) falecimento da esposa do presidente da empresa

Destinatário: _____

Remetente: _____

_____

_____

_____

_____

_____

_____

3. (Informal) congratulações à sua ex-secretária pelos bons resultados do filho no MbA da GV

Destinatário: _____

Remetente: _____

_____

_____

_____

_____

_____

_____

2. (Informal) parabéns ao gerente de RH pela conquista do Prêmio Nacional de Qualidade na Administração de RH

Destinatário: _____

Remetente: _____

_____

_____

_____

_____

_____

_____

4. (Formal) reclamação à área de Administração de Salários pelo atraso no depósito do bônus negociado quando da aposentadoria

Destinatário: _____

Remetente: _____

_____

_____

_____

_____

_____

_____

FESTA DE ANIVERSÁRIO

1. Complete o diálogo com o tempo verbal adequado.

MARCO: Querida, já está tudo pronto?

Rose: Ainda faltam alguns detalhes.

M: Mas que detalhes? Os convidados (1) _____ (chegar) daqui a duas horas e nosso filho chegará antes. Você não quer estragar a surpresa, né?

R: Meu amor, não se preocupe. (2) _____ (dar) tempo pra tudo. Por que, ao invés de ficar aí me olhando pendurar as bexigas, você não (3) _____ (vir) me ajudar?

M: O que ainda precisamos fazer? Quem (4) _____ (trazer) o bolo?

R: Sua mãe disse que fazia questão de trazer o bolo e os docinhos.

M: A que horas (5) _____ (entregar) os pães?

R: Eu (6) _____ (pedir) que entregassem por volta das seis e meia.

M: E os salgados? Você (7) _____ (encomendar) o bastante para todos?

R: Encomendei duzentas coxinhas, cento e cinqüenta empadinhas e trezentos rissoles. Você acha que (8) _____ (ser) suficiente?

M: Espero que sim. Você se lembrou de chamar os amigos do Juca da faculdade?

R: A Vera, da sala dele, ficou encarregada de avisar todos os amigos mais próximos.

M: Este já é o vigésimo aniversário surpresa que fazemos ao nosso filho. Será que ele não desconfia de nada?

R: O Juca é um doce de menino. Mesmo se ele (9) _____ (saber), ele não diria nada.

M: Será que minha mãe vai lembrar de trazer quindim e olho-de-sogra? O ano passado ela se (10) _____ (esquecer).

R: Marco, pare de se preocupar e (11) _____ (ver) se vamos precisar de mais gelo.
A propósito, o que você (12) _____ (comprar) de presente para o Juca?

M: Presente? Ih! Eu me esqueci do presente!!!! E agora???

UNIDADE

17

LAZER EM CASA

REGÊNCIA NOMINAL

NUMERAL MULTIPLICATIVO E FRACIONÁRIO

ALGUNS VERBOS IMPESSOAIS

REVISÃO

IMPERATIVO

PREPOSIÇÕES

2. Complete as sentenças com os verbos abaixo, nos tempos verbais apropriados, seguidos das PREPOSIÇÕES adequadas. Faça contrações quando necessário.

> acreditar - assistir - basear - confiar
> cuidar - desistir - gostar - lutar

1. É importante _____ saúde.
2. Ontem, tive que estudar e não _____ o capítulo da novela.
3. Os cientistas se _____ teorias recentes para concluir a pesquisa.
4. Não consigo mesmo! _____ tentar novamente!

5. Ele é um adversário poderoso. Será que devemos _____ ele?
6. Se você não a conhece bem, não deve _____ ela.
7. Você _____ a vida após a morte?
8. Ele disse que não vai almoçar porque não _____ comida chinesa.

3. Complete as sentenças abaixo com a PREPOSIÇÃO adequada. As preposições podem ser usadas mais de uma vez. Faça CONTRAÇÕES quando necessário.

1. Puxa vida! Seu irmão sempre implica _____ você.
2. Vamos _____ o cinema para assistir _____ filme brasileiro *Eu, tu e eles*.
3. Como sempre, Cristina não soube lidar _____ o problema de maneira satisfatória.
4. Saí tão cedo _____ casa, que cheguei muito cedo _____ trabalho.
5. Ontem cedo, eu estava com muita pressa e me esqueci _____ dar um recado importante _____ minha irmã.
6. Aqueles jovens ainda dependem _____ pais.
7. Há muito trabalho para fazer. Necessito _____ ajuda.
8. Prefiro peixe _____ carne. E você?

4. Explique a diferença de sentido nas duas orações abaixo.

a. *Preciso de* ajuda para prosseguir neste projeto.
_____
_____
_____
_____
_____
_____ .

b. Não posso *precisar* o horário de sua partida.
_____
_____
_____
_____
_____
_____
_____ .

5. Complete as sentenças com as seguintes palavras, que devem ser usadas apenas uma vez. Use também as PREPOSIÇÕES adequadas a cada uma delas e faça CONTRAÇÕES e quaisquer outras modificações necessárias.

> bom - dedicação - desapontado - descontente
> fanático - indiferente - paciência - satisfeito

1. Marisa está _____ seu trabalho. Ela sempre demonstrou _____ profissão e, no momento, não quer mudar de empresa.
2. Estamos _____ a administração da empresa. Nada está dando certo.
3. Ficamos tão _____ a notícia, que todos perceberam nossa tristeza!

4. Praticar exercícios é _____ a saúde.
5. Muitos brasileiros são _____ futebol, mas quase _____ outros esportes.
6. Será que Marisa tem _____ lidar com crianças? Eu sempre me achei meio nervosa.

6. A resenha do filme 'Vovó...Zona', cujo título em inglês é 'Big Momma's House', apresentada abaixo, está fora de ordem. Coloque as sentenças em ordem, numerando-as.

a. (1) A comédia conta a história de uma dupla de agentes do FBI, Malcolm e John, destacada para prender um assassino.

b. ( ) A garota decide fugir do namorado e se esconde na casa da avó, uma enorme senhora negra.

c. (   ) A nova personalidade do policial dá início às confusões que pontuam o filme – desde o senhor que quer namorar a matriarca até a grávida que busca a ajuda da vovó na hora do parto.

d. (   ) Na tentativa de chegar ao criminoso, eles perseguem a namorada do bandido, Sherry, suspeita de cumplicidade.

e. (   ) A união dos truques de maquiagem com a interpretação do comediante (Martin Lawrence) garante momentos divertidos.

f. (   ) A vovozona sai de cena numa viagem de última hora e, para arrancar uma confissão da neta, Malcolm se disfarça e toma o lugar da velha.

(Fonte: texto adaptado da revista Época, 12/06/00, p.139)

7. Esta receita caipira vai deixar a sua festa junina mais gostosa.

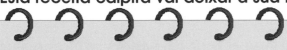

CURAU

Você vai precisar de:
- 2 latas de milho verde;
- 3 xícaras de chá de leite;
- 1 colher de sopa de manteiga;
- 1 lata de leite condensado;
- canela em pó.

Modo de Fazer
(1) Bater o milho no liqüidificador com o leite.
(2) Despejar numa panela e (3) juntar a manteiga.
(4) Pôr a panela no fogo e (5) mexer até a mistura engrossar. Depois, (6) colocar o leite condensado e (7) misturar por mais 5 minutos.
(8) Passar tudo para uma travessa e (9) polvilhar com um pouquinho de canela. (10) Deixar esfriar, antes de atacar!

a. Leia o Modo de Fazer e coloque todos os verbos sublinhados no IMPERATIVO.

1. *Bata*
2. _____
3. _____
4. _____
5. _____
6. _____
7. _____
8. _____
9. _____
10. _____

b. Identifique a palavra que não pertence a cada item e classifique o grupo.

Exemplo: *quilo – grama – colher de sopa – ⟨batedeira⟩ – colher de chá – xícara = unidades de medida*

1. travessa – panela – tigela – frigideira – colher – assadeira
_____

2. liqüidificador – forno – batedeira – televisão – fogão
_____

3. farinha - cravo – canela – pimenta – orégano – noz moscada
_____

4. cru – cozido – assado – plantado - frito – congelado
_____

5. cerveja – caipirinha – batida – pinga
_____

6. beijinho – brigadeiro – pamonha – vatapá – quindim
_____

8. De acordo com o valor calórico dos ingredientes abaixo, use os NUMERAIS do quadro, fazendo uma comparação aproximada entre eles para escrever a sua frase.

1. Queijo-de-minas
(1 fatia/30g) =
45,9 calorias

Queijo Emmenthal
(1 fatia/30) =
286 calorias

2. Queijo parmesão
(1 fatia/30 g) =
117 calorias

Requeijão cremoso
(1 colher de sopa/15 g) =
34,7 calorias

3. Pão integral
(1 fatia/25 g) =
61,5 calorias

Pão de hambúrguer
(1 unidade/45 g) =
129 calorias

4. Peito de peru defumado
(50 g) =
46,5 calorias

Lingüiça calabresa
(50 g) =
195 calorias

5. Coca-cola
(250 ml) =
110 calorias

Água de coco
(250 ml) =
51,5 calorias

(Fonte: texto adaptado da revista Cláudia Cozinha – Edição Especial, n° 17)

um quarto - um sexto - metade - dobro - triplo

Exemplo: *1. O queijo-de-minas tem _um sexto_ das calorias do Emmenthal.*

2. _____

3. _____

4. _____

5. _____

9. Você vai servir uma TÍPICA REFEIÇÃO BRASILEIRA a seus convidados! Como será o cardápio completo?

Algumas sugestões:

sorvete/gelado (como se diz na Região Sul do Brasil) - batida de fruta - moqueca de peixe - hambúrguer - amendoim - azeitonas - queijo prato picado - feijoada - caldo de feijão - cerveja - vinho - suco - couve - molho vinagrete - refrigerante - canja de galinha - espaguete - salada de legumes - queijo e goiabada - caipirinha - torrada com azeite e orégano - brigadeiro/negrinho (como se diz nna Região Sul) beijinho/branquinho (como se diz na Região Sul)

a. Petisco:
_____

b. Aperitivo (bebida):
_____

c. Entrada:
_____

d. Prato principal:
_____

e. Acompanhamento do prato principal:
_____

f. Bebida acompanhando o prato principal:
_____

g. Sobremesa:
_____

Bom Apetite!

10. Leia o resumo do filme *Duas Vidas* e responda às questões.

Duas Vidas

Direção: Jon Turteltaub (Disney's The Kid, EUA, 2000)
Comédia
Depois do sucesso no papel do fantasma de *O sexto Sentido*, Bruce Willis interpreta o intransigente consultor de imagens Russ Duritz. Prestes a completar 40 anos, tem a vida que pediu a Deus. Emocionalmente, porém, ele é uma geladeira. Mal-humorado e ambicioso, não tem amigos nem namorada. Seu cotidiano se modifica quando, inesperadamente, um gordinho (Spencer Breslin), tão chato quanto ele, surge em sua casa. Não demora muito para Russ concluir: o garoto, de 8 anos, é ele quando criança.
Com Lily Tomlin (104min). Livre.

(Fonte: revista Veja São Paulo, novembro/2000)

1. Neste filme Bruce Willis faz o papel de fantasma?
_____
_____

2. O que significa "ter a vida que pediu a Deus"?
_____
_____
_____

3. Ser emocinalmente uma "geladeira" significa ser mal-humorado e ambicioso ?
_____
_____
_____

4. Quem é o garoto que aparece na casa de Russ?
_____
_____
_____

5. Como é esse garoto?
_____
_____

11. Alguns verbos, em determinadas situações e com significados específicos, são chamados de IMPESSOAIS e, normalmente, são usados na 3ª pessoa do singular. Escolha, nos diálogos abaixo, a alternativa correta em cada item.

1. A: Como foi o debate ontem à noite?
   B: **Houveram / Houve** muitas discussões.

2. A: Fui à praia **fazem / faz** duas semanas.
   B: O tempo estava bom?
   A: Tanto no primeiro dia, como no segundo dia **estavam bons / estava bom**.

3. A: Que horas são agora?

B: **São / É** meio dia e **meia / meio**.

4. A: Há quanto tempo você joga tênis?
   B: Já **fazem / faz** cinco anos.

5. A: Você se lembra do dia da inauguração da loja?
   B: Se não me engano, **eram / era** dia 15 de outubro.

MÃOS À OBRA!

Veja a lista de ingredientes abaixo e diga quais das instruções de preparo não dizem respeito a esta receita.

Frango defumado para os domingos

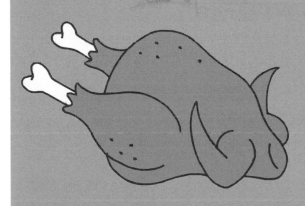

Rende de 6 a 8 porções

Ingredientes
- 1 frango defumado;
- 2 kg de batata;
- 1 litro de creme de leite;
- 1 xícara (chá) de salsa picada;
- 2 cebolas grandes picadas;
- 3 dentes de alho picados;
- 2 copos de vinho branco;
- 1 xícara (chá) de azeite;
- 1 colher (chá) de pimenta branca;
- 1 colher (chá) de alecrim;
- margarina para untar;
- 1 pacote (100 g) de queijo ralado;
- 300 g de mozarela ralada.

Preparo
1. Numa panela, aqueça a manteiga. Doure aí a cebola. Junte o salsão e a cenoura. Refogue bem até começar a murchar.

2. Refogue a cebola e o alho no azeite até dourarem. Junte o frango defumado desfiado, a salsa e 1 copo de vinho a esse refogado.

3. Cozinhe as batatas no outro copo de vinho e mais 2 copos de água com sal a gosto.

4. Bata no liquidificador o abacaxi, o creme de leite, o requeijão, o curry e o conhaque. Despeje essa mistura sobre o refogado de peito de peru sem osso e sem tempero com pele, deixe cozinhar por cerca de 10 minutos.

5. Depois de cozidas as batatas, esprema formando um purê. Junte o creme de leite, a pimenta branca e o alecrim.

6. Recoloque os escalopinhos* no molho, deixe ferver rapidamente, arrume-os numa travessa, cubra com o molho e polvilhe a cebolinha.

7. Unte um refratário com margarina, coloque o refogado de frango defumado, depois o purê de batatas e cubra com a mozarela.

8. Escorra a massa e envolva-a no molho bem quente. Polvilhe com o cheiro verde.

9. Leve ao forno médio (180°C) por cerca de 15 minutos para gratinar.

Tempo de preparo: 50 min.

* pequena fatia de filé, geralmente de vitela, preparada como bife ou à milanesa.

SAINDO DE CASA

REGÊNCIA VERBAL

REVISÃO

IMPERATIVO

PREPOSIÇÕES

VOZ PASSIVA

DISCURSO INDIRETO

1. Leia o texto abaixo e escolha o título adequado entre as alternativas do quadro. A palavra escolhida vai completar os espaços em branco do texto. Essa palavra será usada no texto no SINGULAR e no PLURAL.

Todos os acentos do texto foram retirados. Acentue as palavras adequadamente. Coloque também o til (~) e o trema (··) quando necessário.

> Colinas – Estâncias – Fazendas
> Temperaturas – Mudanças - Cidades

Título: _____

As expectativas do homem moderno, que tem seu *habitat* nas grandes cidades, voltam-se – cada vez mais – para a natureza, com a qual identifica o lazer, a recuperaçao e a alegria. No Brasil, descobre-se que as (1.) _____ climaticas são uma fonte de prazer 365 dias por ano. Os movimentos naturalistas, o medo dos remedios e a fuga da poluiçao trazem de volta as aguas hidrominerais. Se e verdade que os melhores remedios da natureza sao o sol e a agua – desde que usados adequadamente – uma (2.) _____ hidromineral e a receita certa para qualquer pessoa. Essas sao algumas das causas da revitalizaçao dos serviços termais em todo o Pais. As (3.) _____ tambem sao procuradas pelos mais jovens que começam a curtir a vida saudavel junto as montanhas, matas, rios encachoeirados. Seja num fim-de-semana, em sete dias ou numa temporada maior, havera sempre o que fazer e como divertir-se. Ha cidades movimentadas, outras quase exclusivas, algumas oferecem vida noturna, outras a oportunidade de passar o dia praticando esportes. Os hoteis, muito bem aparelhados, possuem saudaveis programas de lazer para crianças. Enquanto isso, os pais podem, com tranquilidade, vivenciar os beneficios desses verdadeiros *spas* e *resorts*. Produtoras de queijo, licores, doces, malhas, porcelanas, flores e frutas, algumas (4.) _____ possuem uma infra-estrutura hoteleira e de serviços capaz de realizar grandes eventos e convençoes em qualquer epoca do ano.

2. Prepare sua mala para fazer uma viagem pelo Brasil, em suas férias de verão. Você pretende acampar, pescar e nadar. Você vai levar todos os itens abaixo relacionados, mas, para isso, precisa justificar o uso de cada item. Veja os exemplos:

> **Exemplo:** *Vou levar os mapas para não ficar aflito se eu me perder.*
> *Vou levar meu saco de dormir, caso eu não encontre um bom lugar para montar minha barraca.*

1. maiô 2. protetor solar 3. mapas 4. saco de dormir
5. bastante dinheiro 6. barraca 7. filmadora
8. toalha 9. dicionário 10. mochila 11. vara

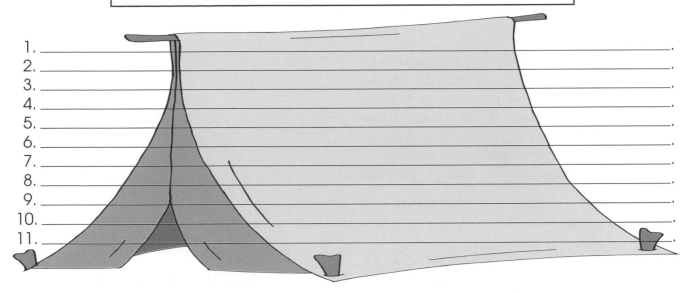

1. _____.
2. _____.
3. _____.
4. _____.
5. _____.
6. _____.
7. _____.
8. _____.
9. _____.
10. _____.
11. _____.

3. Helena e Telma estão fazendo as malas e se preparando para ir a Salvador em pleno verão. Complete o diálogo entre as duas. Use as palavras do quadro abaixo.

biquíni (2) – protetor solar – canga
cadeiras – esteira – bóia
guarda-sol – bronzeador – maiô

Helena: Estou louca para poder ir à praia amanhã.

Vânia: Acho melhor tomarmos muito cuidado, o sol lá é muito forte e nós estamos muito brancas.

H: Nada que um bom (1) _____ não resolva. Tenho um com fator 30! Se estivesse bronzeada, poderia usar um (2) _____ , mas, como não vou à praia há muito tempo, o jeito é me proteger do sol.

V: Ontem fui ao shopping e comprei um (3)_____ novo. Não comprei um (4) _____ porque, como estou um pouco gordinha, não quero mostrar minha barriga . Preciso emagrecer!

H: Eu fiz um sacrifício danado, mas fechei a boca e emagreci. Para comemorar, comprei um (5) _____ e uma (6) _____ combinando. Será que em Salvador é fácil alugar (7) _____? Não suporto me deitar na (8) _____ , pois acabo sempre me sujando de areia: fico parecendo uma turista à milanesa!

V: Acredito que consigamos alugar lá as mesmas coisas que alugamos aqui. Já que estamos indo para Salvador, não precisaremos de guarda-chuva. Em compensação o (9) _____ é indispensável para fazer um pouco de sombra e amenizar os efeitos do sol.

H: E a (10)_____ , você não vai levar?

V: Engraçadinha! Aprendi a nadar no ano passado. Bem, só falta chegarmos lá.

H: Não vejo a hora de partir!

4. Gilda está convidando sua amiga Sofia para ir ao cinema. Complete o diálogo.

Gilda: Que tal um cineminha neste fim de semana?

Sofia: _____.

G: Estava pensando em ver o *Auto da Compadecida*.

S: _____?

G: No shopping, perto daqui.

S: _____?

G: Selton Mello, Fernanda Montenegro, Diogo Vilela e

Matheus Nachtergaele.

S: _____?

G: Às 18h, 20h e 22h.

S: _____.

G: Tá certo, espero você aqui.

S: _____?

G: Tchau.

5. Você estava a caminho da praia, na Rodovia Ayrton Sena, quando um policial pediu que você parasse o carro. Além de um sermão, ele lhe deu umas sete multas. Quais foram os motivos para tantas multas? Use as palavras entre parênteses para escrever o que o guarda lhe disse.

O policial me disse...

> **Exemplo:** *1. (placa)* ...*que a placa do veículo estava coberta de barro, e não era possível identificá-la.*

2. (velocidade) _____

_____

_____

3. (pneus) _____

_____.

4. (cintos de segurança traseiros)

_____

_____.

5. (exame médico/carteira de motorista) _____

_____.

6. (lanterna dianteira) _____

_____.

6. Forme frases, ordenando as palavras e usando os verbos no IMPERATIVO, e você terá algumas dicas para uma vida feliz.

> **Exemplo:** *um/cumprimentar/as/sorriso/pessoas/com*
> *Cumprimente as pessoas com um sorriso.*

1. das / nome / memorizar / o / pessoas

_____.

2. e / autêntica / uma / transparente / pessoa / ser

_____.

3. ler / filmes / bons / e / livros / assistir a / bons

_____.

4. dos / canto / ouvir / o / pássaros

_____.

5. dos / lembrar-se / amigos / dos / aniversários

_____.

6. as / brincar / crianças / com

_____.

7. hobby /ter / um

_____.

8. nas / especiais / surpresas / fazer / datas

_____.

9. abraço / um / dar / carinhoso

_____.

7. Em cada item, circule a alternativa correta. A alternativa 'x' significa que não há necessidade de colocar preposição. Cuidado com o significado dos verbos.

1. Teresa foi presa porque implicou-se (em / com) negócios ilícitos.
2. Veiga sucedeu (x / a) Franco, no cargo de presidente da entidade.
3. Patrícia namora (x / com) Roberto há 3 anos.
4. Quem não aspira (x / a) um futuro melhor? Todos trabalham para isso.
5. Temos o dever de assistir (a / x) as pessoas mais necessitadas.
6. Elias não pára de espirrar! Acho que aspirou (x / a) o

pó que a empregada levantou fazendo a faxina.
7. A peça não agradou (x / a) ninguém. Não só os atores eram péssimos, como o cenário estava horrível.
8. Parece que a professora não gosta da Cristina. Vive implicando (x / com) ela.
9. A diretoria informou (x / a) os funcionários (de / por) um aumento de 10% no salário, a partir de junho.
10. Quero muito (x / a) minha família, mas também quero (x / a) o dinheiro do prêmio para poder sustentá-la.

8. Preencha o diálogo com os VERBOS do quadro abaixo. Caso necessário, inclua a preposição adequada.

> ajudar - começar - recomendar - achar - simpatizar
> encaminhar - reclamar - desconfiar - telefonar - precisar

A: Você já conhece minha nova empregada?

B: Sim, eu a conheci ontem.

A: O que você (1.) _____ ela?

B: Para ser sincera, não (2.) _____ muito _____ ela, não... Ela foi (3.) _____ alguém?

A: Na verdade, foi (4.) _____ uma agência de empregos temporários. Eles me garantiram que ela é de confiança.

B: Seria bom você (5.) _____ os empregos anteriores e pedir referências. Nunca se sabe...

A: Lá em casa ninguém (6.) _____ ela até agora. E, não gosto de ficar (7.) _____ as pessoas, mas... acho que vou fazer o que você está me sugerindo.

B: É melhor prevenir do que remediar, não é mesmo?

A: Espero que sua desconfiança não tenha fundamento, pois estou realmente (8.) _____ uma empregada, que me (9.) _____ trabalhos domésticos, principalmente agora que vou (10.) _____ trabalhar fora...

B: Espero que dê tudo certo!

9. a. Complete o texto usando os verbos abaixo na VOZ PASSIVA.

> puxar - determinar
> considerar - devolver

Baleia encalha por 14 horas em Ubatuba

Uma baleia jubarte passou 14 horas encalhada ontem na praia de Bonete, em Ubatuba (233 km de São Paulo), no litoral norte.

O animal só (1.) _____ ao mar em uma operação que envolveu cerca de cem pessoas, entre bombeiros, moradores, policiais florestais e oceanógrafos do Projeto Tamar (Tartaruga Marinha).

A baleia, de cerca de 11 metros e dez toneladas de peso (2.), _____ subadulta.

Uma jubarte adulta chega a 15 metros. O sexo do animal não (3.) _____. As jubartes costumam migrar da Antártica para passar o período de verão no arquipélago de Abrolhos, na costa da Bahia.

A baleia encalhou na praia às 2 h de ontem. Pescadores tentaram levá-la de volta ao mar, mas o animal ficou preso na areia e não conseguia nadar.

Técnicos do Projeto Tamar e o Corpo de Bombeiros chegaram à praia por volta das 11h para iniciar a operação de desencalhe. Um cabo de náilon preso ao animal (4.) _____ por um barco até uma profundidade em que a baleia pudesse nadar. Um navio rebocador guiou-a para o alto-mar.

Ricardo Ota, oceanógrafo do Aquário de Ubatuba, disse que existem hipóteses para o encalhe: a baleia pode ter se chocado com um navio, ter contraído um parasita que afete seu sentido de direção ou mesmo ter perdido a rota quando procurava alimento.

(Fonte: texto adaptado do jornal Folha de S.Paulo, 04/11/2000)

b. Leia novamente o texto e responda às questões.

1. Que tipo de pessoas foram envolvidas nessa operação de desencalhe?
   _____
   _____.

2. De onde vêm as baleias jubartes?
   _____
   _____.

3. Por que os pescadores não conseguiam devolver a baleia ao mar?
   _____
   _____.

4. Como conseguiram guiá-la ao mar?
   _____
   _____.

5. Dentre as três hipóteses para o encalhe, qual delas você acha a mais provável?
   _____
   _____.

10. Reescreva as orações abaixo usando as PREPOSIÇÕES adequadas e fazendo CON-
TRAÇÕES quando necessário.

> a - de - em - entre - por

1. Fui o cinema depois levar meu filho escola.

   _____

   _____.

2. Passei o Parque o Ibirapuera pé e, quando cheguei casa, estava muito cansada.

   _____

   _____.

3. Quando eu era criança, os aparelhos TV não eram
cores.

   _____

   _____.

4. Os turistas foram estádio do Maracanã e gostaram muito o jogo.

   _____

   _____

   _____.

5. A casa que ele mora fica dois prédios enormes!

   _____

   _____

   _____!

MÃOS À OBRA!

**Leia os trechos do texto adaptado de *A Negociação*, de Ivan Angelo, publicado
pela Revista Veja, em 8 de novembro de 2000.**

– Pedimos a sua atenção, senhores passageiros! Estamos com um problema de *oberbooking* lá fora no balcão
e precisamos de pelo menos seis voluntários que desistam deste vôo e se disponham a viajar amanhã.
Leandro indagou cauteloso, mas firme: - O que é que vocês oferecem em troca?

**a. Liste abaixo o que você acha que Le-
andro exigiu em troca da sua desistên-
cia do vôo no mesmo dia. Uma dica:
Leandro fez 7 exigências!**

1._____

2._____

3._____

4._____

5._____

6._____

7._____

**b. Agora leia mais uma parte do texto
e confira as requisições de Leandro
com as constantes da lista que você
elaborou.**

– Seiscentos dólares – e sublinhou a palavra dólares.
– E mais: hotel, quatro estrelas, tá?, garantia de
embarque amanhã, transporte do aeroporto para
o hotel, e de lá para cá, quatro refeições, ou seja,
jantar hoje, café da manhã, almoço e lanche antes de voltar para o aeroporto, e dois telefonemas
por pessoa, para avisar os familiares no Brasil.
– Se as bagagens ficam, como é que vamos trocar
de roupa amanhã. Pelo menos de roupas íntimas,
camisa, etc.?
No limite, a funcionária ofereceu a cada possível
voluntário mais 800 francos para a compra de roupas.

1. Juan Arias entrevista Paulo Coelho

Paulo Coelho

Escritor brasileiro e autor latino-americano mais vendido do mundo. Sua obra mais representativa, **O Alquimista**, vendeu quase dez milhões de exemplares.

Juan Arias

Coordenador do suplemento cultural "Babelia", publicado semanalmente na Espanha. Autor de várias obras, inclusive um livro de entrevistas com José Saramago, a quem, recentemente, foi concedido o prêmio Nobel de Literatura.

*(Fonte: texto adaptado de **Pluna**, Uruguay, outubro/2000)*

a. Relacione as perguntas feitas pelo jornalista Juan Arias às respostas de Paulo Coelho.

1. O que mais lhe interessa atualmente? ( )
2. O que a vida já lhe deu ou lhe ensinou? ( )
3. Você realmente se preocupa com os mais necessitados? ( )
4. Como você se sente no momento? ( )

a. Ela tem servido como um grande processo de refexão. Eu me sinto como um mago, um criador de potencial interior, como todos nós somos.

b. Um homem feliz, que vive simplesmente, sem necessidades, estou numa fase em que me sinto livre e quero mostrar a minha experiência de vida ao maior número de pessoas possível.

c. Sou interessado em tudo o que preocupa a humanidade, particularmente, os elementos religiosos, os dogmas e o que eles possuem no sentido espiritual, sua essência.

d. Tenho uma fundação dedicada às pessoas carentes. Do ponto de vista literário, eu constantemente pressiono meus editores a fazerem versões mais baratas de livros de bolso de minhas obras para que todos possam ter acesso à literatura.

b. Retire da entrevista acima palavras que completem o quadro abaixo.

SUBSTANTIVOS	ADJETIVOS	ADVÉRBIOS	PREPOSIÇÕES	ARTIGOS
pessoas	carentes	constantemente	sem	um

UNIDADE

19

ESPORTES

USO DO DICIONÁRIO

REVISÃO

PREPOSIÇÕES

TEMPOS COMPOSTOS

VERBOS: SER E ESTAR

2. No e-mail enviado por Ana a Elisa, faltam algumas PREPOSIÇÕES. Complete o texto e faça CONTRAÇÕES, caso necessário.

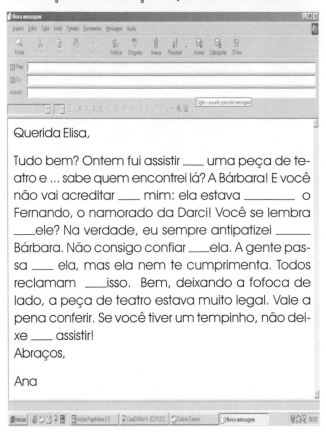

Querida Elisa,

Tudo bem? Ontem fui assistir ____ uma peça de teatro e ... sabe quem encontrei lá? A Bárbara! E você não vai acreditar ____ mim: ela estava _____ o Fernando, o namorado da Darci! Você se lembra ____ele? Na verdade, eu sempre antipatizei _____ Bárbara. Não consigo confiar ____ela. A gente passa ____ ela, mas ela nem te cumprimenta. Todos reclamam ____isso. Bem, deixando a fofoca de lado, a peça de teatro estava muito legal. Vale a pena conferir. Se você tiver um tempinho, não deixe ____ assistir!
Abraços,

Ana

3. Complete o texto com os verbos SER e ESTAR, na forma adequada.

Alice (1) _____ uma pessoa alegre, mas hoje (2) _____ um pouco triste porque não pôde ir ao teatro com seus pais. Ela (3) _____ com febre e agora (4) _____ de cama. Seu quarto sempre (5) _____ seu refúgio preferido. Quando tinha algum problema e (6) _____ preocupada, Aline corria para seu quarto. Seus amigos de pelúcia (7) _____ seus confidentes e conheciam todos os seus segredos, desde quando ela ainda (8) _____ criança. Mas agora, (9) _____ sozinha no quarto, na casa. A escuridão (10) _____ sua maior inimiga. Acendeu todas as luzes, na tentativa de espantá-la. Continuou com medo. Ligou, então, a televisão. Não (11) _____ passando nenhum programa interessante. Desligou. Resolveu ler um livro para se distrair. A leitura sempre (12) _____ seu *hobby* preferido. Preocupada em tentar espantar o medo da solidão, não percebeu que já (13) _____ tarde. (14) _____ 11h15. Dentro de 10 a 15 minutos seus pais já (15) _____ de volta. Graças a Deus!

4. Leia o texto e responda às questões abaixo.

Atletas são recebidos até por escola de samba após medalhas de ouro em Sydney

Os atletas brasileiros que participaram da Paraolimpíada de Sydney foram recebidos ontem com festa no Rio e em São Paulo.

No Rio, passista, porta-bandeira, ala das baianas e até a bateria de uma escola de samba fizeram uma festa para receber os brasileiros. Cerca de 300 pessoas foram ao aeroporto Antônio Carlos Jobim, na zona norte.

Entre os 21 atletas que desembarcaram, estava a velocista cega Adria Rocha Santos, 26, que ganhou duas medalhas de ouro (nos 100 m e 200 m rasos) e uma de prata (nos 400 m). "A primeira medalha foi a mais emocionante porque eu bati o recorde mundial", disse Adria.

Também desembarcaram no Rio o nadador Mauro Brasil, a equipe de futebol, que levou o bronze, e Roseane Santos, que ganhou ouro no lançamento de disco e arremesso de peso. Em São Paulo, desembarcou apenas a nadadora Fabiana Sugimori, medalha de ouro.

*(Fonte: texto adaptado do Jornal **Folha de S. Paulo**, 03/11/2000)*

1. O que é Paraolimpíada?
_____
_____.

2. Como foi a recepção no aeroporto?
_____
_____.

3. Para a velocista, qual foi a medalha mais marcante? E por quê?
_____
_____.

4. Quantas medalhas de ouro Roseane Santos ganhou?
_____.

5. O que você acha da Paraolimpíada? O seu país tem participado?
_____
_____.

5. No desenho abaixo temos uma das possíveis escalações de jogadores de futebol. Nomeie as posições dos jogadores correspondentes aos números.

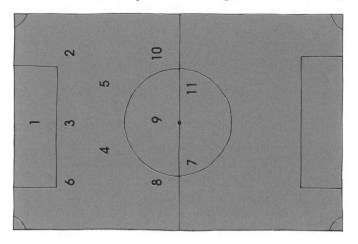

1. _____
2. _____
3. _____
4. _____
5. _____
6. _____
7. _____
8. _____
9. _____
10. _____
11. _____

6. Complete os períodos com as informações do quadro, usando os verbos na forma adequada.

> ⟨ler a carta⟩- estudar - comprar
> vir mais cedo - ser esperto - ir de metrô- ficar sem energia

Exemplo: *Se você lesse a carta,*	*entenderia a situação.*
1. Se eu tivesse pago a conta,	
2. Não teríamos encontrado a casa vazia	
3.	logo aprenderemos o Português.
4. Daria para entrar na sessão das seis	
5.	não teria enfrentado o trânsito de ontem.
6.	ganhariam bastante dinheiro.

7. O que você NUNCA faria nas situações abaixo?

Exemplo: *caso seu chefe chamasse sua atenção na presença de outras pessoas.*
Eu não discutiria no momento. Esperaria até que estivéssemos sozinhos.

1. Se seu cão tivesse mordido o filho de seu vizinho.
_____
_____

2. Se seu marido/sua esposa tivesse esquecido de seu aniversário.
_____
_____

3. Se seu melhor amigo tivesse lhe passado a perna nos negócios.
_____
_____

4. Se seu filho tivesse sido expulso do colégio por mau comportamento.
_____
_____

8. a. Adroaldo está procurando emprego como assistente de esportes na Academia Esportes e Cia. Leia a entrevista entre ele e Patrícia, a Diretora de Esportes.

Patrícia: Qual o seu nome?

Adroaldo: _____

P: Qual a sua idade, peso e altura?

A: _____

P: Grau de instrução?

A: _____

P: Pratica algum esporte?

A: _____

P: Há quanto tempo?

A: _____

P: Em que esportes já disputou algum tipo de competição?

A: _____

P: Conquistou algum título esportivo?

A: _____
_____

P: Descreva seus hábitos alimentares.

A: _____
_____

P: Você fuma ou toma bebidas alcóolicas?

A: _____

P: Com quais esportes você já teve experiência?

A: _____
_____

P: Puxa, você é bem versátil!?

A: _____

b. De acordo com suas respostas no item a, elabore um pequeno relatório sobre o candidato entrevistado para apresentar aos outros sócios da Academia Esportes e Cia.

_____
_____
_____
_____
_____
_____
_____
_____
_____
_____
_____
_____

9. Procure as seguintes palavras num dicionário e complete a tabela abaixo com o que se pede. Consulte também *Bem-Vindo!*, Unidade 19, p. 183. Nem todos os campos deverão ser preenchidos.

	Significado	Sinônimo	Antônimo	Derivados
1. competência				
2. constranger				
3. submersão				
4. urbano				
5. falcatrua				
6. preencher				
7. herança				
8. reivindicar				

10. Assinale no quadro a qual ou quais esporte se referem as seguintes palavras.

Palavra	Futebol	Tênis	Natação	Atletismo	Vôlei	Basquete
Exemplo: *saque*		X			X	
1. maratona						
2. mergulho						
3. cesta						

Palavra	Futebol	Tênis	Natação	Atletismo	Vôlei	Basquete
4. ace						
5. pênalti						
6. salto em altura						
7. cortada						
8. centroavante						
9. manchete						
10. cartão amarelo						
11. golfinho						
12. voleio						
13. tabela						

MÃOS À OBRA!

1. a. No seu país, também é costumeiro presentear os amigos com Cestas de Natal? Caso não seja um costume do seu país, imagine que seja. Veja a descrição de três tipos de cestas e adapte os ingredientes ao que seria uma 'cesta' típica do seu país. Explique o porquê de tirar ou acrescentar este ou aquele ingrediente.

Cesta de Natal 1

1 pacote de ameixas secas chilenas
1 pacote de azeitonas verdes
1 pacote de balas recheadas com chocolate
1 caixa de biscoito wafer
1 caixa de biscoito ao leite
1 pacote de farofa temperada salgada
1 caixa de gelatina em pó
1 pote de goiabada
1 caixa de panettone
1 garrafa de sidra
1 torrone
1 pacote de uvas passas sem sementes
1 garrafa de vinho branco

Cesta de Natal 2

1 lata de atum grated equatoriano em óleo
1 vidro de azeite de oliva espanhol
1 pacote de azeitonas pretas
1 pacote de balas recheadas de chocolate com menta
1 caixa de biscoito champagne
1 caixa de bombons
1 pacote de castanha de caju
1 pacote de castanha do Pará com casca
1 vidro de geléia de pêssego
1 pacote de nozes chilenas
1 caixa decorada de panettone
1 pacote de pão de mel

1 lata de patê de presunto
1 suco de maracujá
1 garrafa de vinho tipo alemão

Cesta de Natal 3

1 pacote de biscoito aperitivo
1 caixa de creme de leite
1 lata de ervilhas em conserva
1 pacote de lentilhas canadenses
1 pote de maionese com tempero de azeitona verde
1 pacote para manjar branco com coco (em pó)
1 garrafa de champagne
1 lata de marmelada
1 pacote de milho para pipocas
1 pacote de frutas cristalizadas
1 pacote de avelãs
1 pacote de figos secos
1 lata de presunto cru italiano
1 tender
1 peru defumado

b. Qual cesta você escolheria? Por quê?

_____
_____
_____
_____
_____
_____

UNIDADE

20

ARTE - MÚSICA

REVISÃO GERAL

ARTIGOS DEFINIDOS E
INDEFINIDOS

PRONOMES POSSESSIVOS

TEMPOS COMPOSTOS

PROVÉRBIOS E
EXPRESSÕES IDIOMÁTICAS

O BRASIL PELA ARTE

Nossos primeiros artistas

Carlos Moraes

Os índios foram nossos primeiros e bons artistas. Mas nunca se ouviu falar de uma galeria de arte em suas aldeias, nem de índio que assinasse um cocar mais radiante ou uma flecha mais bem torneada. Por quê?

Porque para os índios, explica o grande sertanista Orlando Villas-Bôas, a beleza é uma coisa natural: simplesmente faz parte. Índio não tem, como nós, o sentido de espanto perante o belo. Diante da mais imponente cachoeira, seu comentário, pode ser apenas: pois é difícil de atravessar.

Os índios não fazem arte, vivem nela. Mais: é através dela que se definem e se comunicam – uns com os outros e com Deus. Arte, para eles, é identidade. Aponta um lugar na tribo. Um simples enfeite ou pintura corporal pode indicar sexo, clã, estado civil, cargo ou prestígio.

Nada é gratuito na arte indígena. Índio tem outro sentido do tempo, é paciente, perfeccionista e, na simples confecção de um cesto, arma ou panela, vale-se de uma sabedoria milenar, quase um ritual que vai da coleta da matéria-prima à obtenção dos diferentes pigmentos. Uma vez pronto, cada objeto ganha uma alma própria, passa a ser uma entidade.

Os índios são observadores agudos, mas sua arte é estacionária, pode-se dizer conservadora. Falta de imaginação? Não parece. Picasso dizia que não pesquisava, encontrava. Vai ver que os índios também não mudam porque simplesmente acharam o que os expressa.

*(Fonte: texto adaptado de **ÍCARO Brasil**, outubro/2000)*

1. Encontre no texto as palavras que completam o quadro abaixo.

PALAVRA	DEFINIÇÃO
1.	grupo de famílias que são ou se presumem descendentes de ancestrais comuns.
2.	estabelecimento que expõe e/ou vende obras de arte.
3.	grande conhecedor do sertão e dos hábitos sertanejos.
4.	culto, cerimonial
5.	a substância bruta principal e essencial com que se faz alguma coisa.

2. Forme frases com as palavras abaixo, colocando os ARTIGOS DEFINIDOS ou INDEFINIDOS.

> uns – umas – um
> uma - a – o – os – as

1. champagne

_____

2. óculos

_____

3. gramas (unidade de massa)

_____

4. telefone

_____

5. músicas

_____

6. viagem

_____

7. reuniões

_____

8. leite

_____

9. celular (aparelho de telefone)

_____

10. proposta

_____

11. horas extras

_____

12. assuntos importantes

_____

3. Complete o diálogo abaixo com alguns dos PRONOMES POSSESSIVOS do quadro, lembrando-se de que alguns poderão ser empregados mais de uma vez, e outros não serão empregados.

> meu – minha – meus – minhas – seu
> sua – seus – suas – dele – dela – deles
> delas – nosso – nossa – nossos – nossas

A: Por favor, faça (1) _____ reservas para Cancun na última sexta-feira do mês de março.

B: (2) _____ esposa vai também?

A: Vai, mas nem (3) _____ filhos nem (4) _____ filha irão; eles não conseguiram tirar férias do trabalho (5) _____. É uma pena que eles não possam ir conosco, pois essas férias serão as (6) _____ primeiras sem os (7) _____ filhos.

B: Falando de sua esposa, o passaporte (8) _____ está em ordem? E o (9) _____ já foi renovado?

A: O (10) _____ está ok, e o (11) _____ vou verificar.

B: André, o seu filho Sérgio ligou pedindo para o senhor não esquecer daquele depósito na conta dele.

A: Ah! sim, deposite este cheque na conta (12) _____. (13) _____ filho sempre pede as coisas em cima da hora.

4. Complete o texto com os verbos do quadro abaixo nos TEMPOS COMPOSTOS adequados.

> assistir - decidir - divertir - estudar - exagerar
> fazer - nadar - perguntar - estudar - ter - valer - viajar

Aos nove anos de idade, já (1) _____: estudar era tudo o que eu queria.
É verdade que muitas vezes (2) _____.
Estudo noite e dia. Meu pai até diz: "Meu filho, quando (3) _____ o suficiente, pare!" É o que eu (4) _____. (5) **Hoje em dia,** _____ bastante também. (6) _____ para fortalecer meus músculos. (7) _____ a quase todos os filmes da temporada. Além disso, faço as malas e (8) _____ sempre que possível. Ocasionalmente, (9) _____: (10) "_____ a pena toda essa dedicação aos estudos?" A resposta, no entanto, é clara: a vida não (11) _____ tanto sentido para mim, se eu não (12) _____ tanto e aprendido tudo o que hoje sei.

5. Leia cada uma das EXPRESSÕES abaixo e procure na coluna da direita uma palavra ou uma frase que explique a situação.

1. Haja o que houver, acredite em mim. (   )

2. Aconteça o que acontecer, sempre estaremos juntos. (   )

3. Seja quem for, diga que não estou. (   )

4. Diga o que disserem, não me importarei. (   )

5. Esteja onde estiver, eu o encontrarei. (   )

6. Doa a quem doer, a verdade será dita. (   )

7. O troféu será meu, custe o que custar. (   )

a. Evitando as pessoas

b. Ambição

c. Ter esperança

d. Confiança

e. Sem receio de mostrar franqueza

f. Fidelidade

g. Não ligar para os comentários dos outros

6. Complete o diálogo abaixo com as perguntas adequadas ao contexto.

Mark: Eduardo? Tudo bem?

Eduardo: Oi, Mark!! Quanto tempo! Tudo bem com você? Esta é minha namorada Cibele. (À Cibele:) Mark trabalhou comigo há dois anos quando eu dava aulas de inglês numa escola de idiomas.

Cibele: É mesmo? (1) _____, Mark?

M: Sou inglês, de Londres.

E: Puxa, (2) _____, Mark?

M: Faz quase três anos. Vim para cá, a primeira vez, no início de 1998.

C: E (3) _____? Passear?

M: Bem, vim ao Brasil para trabalhar e também para me casar!

C: Como assim? Você (4) _____?

M: Eu me casei no Brasil em 1999. Mas conheci minha esposa na Inglaterra há três anos, quando ela estava estudando e trabalhando em Londres. Começamos a namorar e, quando ela precisou voltar ao Brasil, decidi largar tudo por lá e tentar a sorte por aqui.

C: Incrível! E (5) _____ naquela época para sobreviver?

M: Dava muitas e muitas aulas de inglês. Por mais de um ano, eu e Tatiana economizamos dinheiro para nos casarmos. No final de 1999, voltei à Inglaterra porque havia terminado meu prazo de permanência no Brasil. Tatiana ficou no Brasil, trabalhando, providenciando tudo para o casamento. Retornei em fevereiro e nos casamos em março.

E: Mas, (6) _____ ultimamente? Continua dando aulas?

M: Bom, faz algum tempo, parei de dar aulas porque consegui abrir um pequeno negócio. Prefiro trabalhar por minha conta.

C: E quanto à sua família? (7) _____?

M: Não os vejo desde meu casamento, no ano passado. Não somos muito apegados como Tatiana e sua família. Sempre moramos em cidades diferentes. Meu irmão mora em Liverpool e minha irmã, atualmente, está morando na Argentina.

E: (8) _____?

M: Pretendemos ir à Inglaterra neste final de ano. Tatiana vai tirar férias e vamos passar um mês por lá.

C: Você fala muito bem o português! (9) _____?

M: Tive aulas particulares com quem? alguns meses. Além disso, se você quer viver num país, precisa se esforçar para aprender o idioma. Logo que cheguei, não conseguia entender nada, nem a família de Tatiana, com quem moramos por quase um ano antes do casamento.

E: Mas (10) _____?

M: Não! Santo de casa não faz milagre, como vocês dizem. Com Tatiana sempre falo em inglês. Aprendi mesmo com as aulas particulares, estudando muito e FALANDO! Vou dar meu telefone, quero também o de vocês pra gente combinar de sair. Ou vocês irem à nossa casa...

E: Claro! Vai ser ótimo! (11) _____?

M: Num apartamento pequeno, mas muito gostoso, perto da Vila Mariana. Aqui está meu telefone. Bom, preciso ir andando agora. Tenho que trabalhar muito até dezembro para poder passar um mês na minha terra.

C: Gostei muito de te conhecer Mark! Até mais!

E: Vou ligar pra vocês! Tchau! Lembranças à Tatiana!

7. Complete as situações abaixo com as palavras adequadas.

> animal - burro - cobra - coruja - lesma
> palito - pedra - peixe - porco - vara-verde

1. Não sei como você agüenta seu chefe. Sempre de cara amarrada, respondendo mal. Que cara grosso! Um verdadeiro _____!

2. Marisa está sempre elogiando os filhos e exaltando suas qualidades. Uma mãe _____ de verdade, não é?

3. Não gostei nem um pouco do trabalho daquele pintor. Não deu um bom acabamento nas paredes e nas portas, deixou o chão todo sujo e respingado de tinta, os batentes manchados de outra cor... Um servicinho _____ mesmo!

4. Ele parece _____! A professora explicou a mesma coisa mais de cem vezes e ele continua não entendendo nada!

5. A mãe do nadador que conseguiu a medalha de ouro em Sidney declarou aos jornalistas que o filho, desde muito pequeno, nada como um _____.

6. Acho que você deveria tomar mais cuidado com Joana. Todos acham que ela é traiçoeira como uma _____.

7. Alberto não me parece a pessoa indicada para esta função, que exige muita rapidez. Ele é mole demais: uma _____!

8. Que grande susto levaram Alice e Paula! Foram abordadas na rua por uns trombadinhas. Não aconteceu nada, mas elas chegaram em casa tremendo como _____!

9. Tão magro era o João, que, quando estava de lado, parecia que já tinha ido embora!!!! Era magro como um _____!

10. Não dá pra comer este bolo! O que você colocou na receita?! Está duro como uma _____!!!

8. O FOLCLORE BRASILEIRO - Escreva perguntas para as seguintes respostas.

1. _____
_____?
Os personagens são Dona Benta, Tia Anastácia, Narizinho, Pedrinho, etc.

2. _____
_____
_____?
Chama-se Saci-pererê.

3. _____
_____?
Ele faz travessuras como entrar nas casa pelo buraco da fechadura para apagar o fogo de fogões e lamparinas.

4. _____
_____?
O personagem, cujo papel é semelhante ao da sereia, é o boto.

5. _____?
Diz a lenda que uma linda moça decidiu viver com a Lua e passou a perseguir o satélite da Terra, até que viu a imagem do seu objeto de desejo refletida em um rio. Atirou-se e nunca retornou.

9. Relacione os provérbios aos significados correspondentes.

1. A união faz a força. ( )

2. Errando é que se aprende. ( )

3. A pressa é inimiga da perfeição. ( )

4. Antes tarde do que nunca. ( )

5. Colocar os pingos nos is. ( )

6. Gosto não se discute. ( )

7. Não adianta chorar o leite derramado. ( )

8. É melhor prevenir do que remediar. ( )

9. A galinha do vizinho é sempre mais gorda. ( )

10. A esperança é a última que morre. ( )

a. Não se deve obrigar o outro a gostar das mesmas coisas.

b. Os invejosos cobiçam tudo o que é alheio.

c. Nunca se deve perder a esperança.

d. Um grupo tem mais poder do que um indivíduo sozinho.

e. O que está feito, já está feito. Não adianta se arrepender.

f. Se você não faz nada porque tem medo de errar, não progride.

g. Se quiser fazer algo bem feito, faça com calma e paciência.

h. Mesmo tarde, é melhor fazer do que ficar sem fazer.

i. É mais fácil evitar os erros do que consertá-los.

j. Vamos esclarecer e colocar as coisas no seu devido lugar.

MÃOS À OBRA!

Veja no quadro abaixo alguns destaques do FOLCLORE BRASILEIRO. Classifique-os em:

1. PERSONAGENS

2. CRENDICES

3. LENDAS

4. FOLGUEDOS

5. DANÇAS REGIONAIS

6. CANÇÕES POPULARES

7. RELIGIOSIDADE POPULAR

- chupa-cabras
- Carranca na proa afasta os maus espíritos.
- boto-cor-de-rosa
- vaquejadas
- frevo
- cantigas de roda
- pajelança
- candomblé
- canções de ninar
- acalantos
- baião
- cabinda
- Negrinho do Pastoreio
- uirapuru
- curupira
- mão-grande
- Cruzar com gato preto atravessando a rua dá azar.

- Sexta-feira 13 é dia de azar.
- saci-pererê
- marcatus
- bumba-meu-boi
- maracatu
- xote nordestino
- cantigas de pastores
- catimbó
- umbanda
- festas juninas
- congadas
- cavalhadas
- xaxado
- fandango
- cantigas de catimbó

RESPOSTAS AOS EXERCÍCIOS

UNIDADE 1

1. Sugestão de respostas:

1. José Paulo: Prazer em conhecê-lo.
   Sr. Lucas: Prazer. Seja bem-vindo.
2. Júlia: Vera, venha cá, por favor. <u>Quero que você conheça</u> a nova gerente.
   Sônia: <u>Obrigada</u> e muito <u>prazer</u>.

2. Respostas ao caça-palavras:

E	G	D	O	M	I	N	G	O	Q	Q	B
P	E	S	C	S	J	A	R	N	M	U	L
S	A	T	P	A	W	T	H	W	I	I	D
P	A	S	E	B	T	E	B	W	Y	T	A
S	E	X	T	A	A	R	F	D	R	A	Q
N	C	B	A	D	R	Ç	O	S	E	R	B
W	C	O	H	O	B	A	U	E	L	S	T

Sugestões de respostas:

- Aos domingos, eu sempre almoço fora.
- Viajo toda sexta para o interior.
- Chego em casa muito tarde às quintas-feiras.
- Faço aulas de ginástica às terças-feiras.

3.

1. Minha irmã caçula <u>é</u> casada. Ela <u>está</u> casada há cinco meses. O marido dela <u>é</u> muito rico. Agora ele <u>está</u> no Japão a serviço.
2. Meus pais <u>são</u> empresários. Eles <u>estão</u> no ramo de esportes há 20 anos.
3. Meu irmão mais velho normalmente é muito calmo, mas hoje <u>está</u> uma pilha de nervos, por causa das provas finais do colégio.
4. Eu e meu irmão <u>somos</u> comilões. Meus pais <u>estão</u> sempre pegando no nosso pé, pois não podemos comer demais, <u>estamos</u> de regime!
   1. a. <u>é</u>   b. <u>está</u>   c. <u>é</u>   d. <u>está</u>
   2. a. <u>são</u>   b. <u>estão</u>
   3. a. <u>é</u>   b. <u>está</u>
   4. a. <u>somos</u>   b. <u>estão</u>   c. <u>estamos</u>

4. Sugestão de respostas:

1. Sim. É claro que <u>tenho</u>.
2. Sim. Certamente <u>têm</u>.
3. Sim. É lógico que <u>temos</u>.
4. Sim. Com certeza <u>tem.</u>
5. Sim. <u>Tenho</u> (Santos, Vasco, São Paulo...).

5. Sugestão de respostas:

- Márcia é esposa de Jorge, mãe de Odete e Tatiana, nora de Marcos e Bete, cunhada de Rosa e tia de Bruno e Ricardo.

- Odete é prima de Bruno e Ricardo, irmã de Tatiana, filha de Márcia e Jorge, sobrinha de Rosa e Pedro e neta de Marcos e Bete.

- Pedro e Rosa são os pais de Bruno e Ricardo. Pedro é marido/esposo de Rosa, cunhado de Jorge, genro de Marcos e Bete e tio de Odete e Tatiana.

- Marcos e Bete são avós de Odete, Tatiana, Bruno e Ricardo. Marcos é sogro de Márcia e Pedro. Bete é sogra de Pedro e Márcia.

- Bruno e Ricardo são primos de Odete e Tatiana, netos de Marcos e Bete e sobrinhos de Márcia e Jorge.

6.

a. (2)	e. (3)	i. (3)
b. (1)	f. (1)	j. (1)
c. (3)	g. (3)	k. (2)
d. (2)	h. (2)	l. (1)

7. Texto 1

(1) Os		(6) uma
(2) A		(7) um
(3) uma		(8) Uns
(4) A		(9) O
(5) o		(10) as

Texto 2

(1) umas		(8) A
(2) Uma		(9) a
(3) a		(10) A
(4) A		(11) uns
(5) O		(12) a
(6) Os		(13) uma
(7) as		

Texto 3

(1) uma		(5) um
(2) a		(6) O
(3) o		(7) o
(4) uns		

8. Sugestão de respostas:

- A dona de casa vai ao supermercardo uma vez por semana.
- A secretária chega sempre às 8h da manhã no escritório.
- Júlio e eu temos algo em comum; somos do signo de Escorpião.
- Eu e minha esposa somos colegas de trabalho.
- O estrangeiro estuda o novo idioma para ser melhor compreendido.
- Meu irmão caçula assiste à TV todos os dias.
- Eu faço minhas lições todos os dias.
- O porteiro recebe gorjetas em dólar.
- Os policiais estão sempre alerta.
- Os professores universitários corrigem provas nos fins de semana.
- Meus filhos estudam num colégio particular.
- O empresário tem um motorista particular.
- Cássia e sua filha trabalham como costureiras.

9.

(1) é	(7) têm	(13) escrevo
(2) estou	(8) trabalha	(14) faço
(3) tem	(9) está	(15) tenho
(4) mora	(10) são	(16) é
(5) são	(11) estuda	(17) gostamos
(6) estão	(12) faz	

10. Sugestão de respostas:

1. Gosto.
2. Não, durmo 6 horas.
3. Acordo.
4. Saio.
5. Almoço.
6. Não faço.
7. Não, vou de ônibus.
8. Tenho alguns.
9. Assisto.
10. Não trabalho.

1. gostam de música.
2. dormem 8 horas por dia.
3. acordam cedo.
4. saem de casa com pressa.
5. almoçam em casa.
6. fazem ginástica.
7. vão ao trabalho de carro.
8. têm muitos amigos brasileiros.
9. assistem ao noticiário.
10. não trabalham no fim de semana.

11. Sugestão de respostas:

1. Qual é o nome dela? Daniela Rodrigues.
2. Há quanto tempo ela estuda português? Há 5 meses.
3. Qual é o telefone dela? 5664-0741.
4. Quantos filhos ela tem? Ela tem duas filhas lindas.
5. Quantos anos ela tem? Ela tem 26 anos.
6. O que o marido dela faz? Ele é médico.
7. Onde ela trabalha? Ela trabalha numa empresa multinacional.

12.

1. (d) advogado
2. (g) dentista
3. (h) professor
4. (c) mecânico
5. (e) garçom
6. (f) encanador
7. (b) eletricista
8. (a) médico

13.

1. felizes/ótimo
2. solteiro
3. lindas
4. casada
5. tímido
6. extrovertida
7. inteligente
8. cansados

14.

B	C
(3)	(4)
(4)	(5)
(7)	(7)
(1)	(1)
(6)	(3)
(5)	(2)
(2)	(6)

Sugestão de respostas:

2. Quantos anos você tem? Tenho 25 anos.
3. Quando é seu aniversário? 9 de dezembro.
4. Como se chama sua esposa? Teresa.
5. Qual é seu prato favorito? Feijoada.
6. Onde você trabalha? Trabalho na NEC, em São Paulo.
7. De onde você é? Sou da Itália.

UNIDADE 2

1.

1. Oi, como vai? Tudo bem? Tenha um bom dia!
(1) Terça-feira, por volta das 8h da manhã.

2. Como foi o final de semana?
(2) Segunda-feira, por volta das 9h15.

3. Bom descanso e até amanhã.
(3) Quinta-feira, por volta das 18h.

4. Até Segunda. Bom fim de semana.
(4) Sexta-feira, por volta das 17h30.

2.

Respostas pessoais

3.

1. Eles se abraçaram.
2. Ele se penteou.
3. Eles se vestiram.
4. Ela se maquiou.
5. Eles se beijaram.

4.

1. de (da)
2. em
3. nas
4. numa
5. a
6. Pelo
7. por
8. de /a
9. de(das)
10. num
11. no
12. de (do) / na / da
13. nas (pelas) / da
14. por / à / do
15. dos
16. do (de) / da (de) / de
17. Nos / de
18. Em (Na) / em / em
19. Pela / no / da
20. pelas
21. numa
22. pela
23. aos
24. de / das
25. na / a(para)

5. Sugestão de respostas:

1. a. não tive tempo.
   b. tirei uma nota tão baixa.
   c. vou poder fazer uma segunda prova.

2. a. tirei muitas fotos para mostrar à minha família.
   b. não fiz muitas amizades.
   c. voltarei mais vezes.

3. a. a pista estava escorregadia.
   b. não se machucou.
   c. está em casa.

4. a. não cobraram nada.
   b. somente alguns compareceram.
   c. compraram muitos quilos de carne.

5. a. perdi a hora.
   b. fiquei trabalhando em casa.
   c. e nem tive tempo de avisar meu chefe.

6.

1. Sandra não fala árabe <u>nem</u> italiano.
2. Hoje não posso, <u>mas</u> que tal amanhã?
3. <u>Porque</u> me casei com um brasileiro.
4. <u>e</u> / <u>ou</u> / <u>e</u>
5. <u>por isso</u>
6. <u>nem</u> / <u>nem</u>

7.

(1) viajei	(5) fui	(9) quis
(2) peguei	(6) comi	(10) pude
(3) cheguei	(7) foi	(11) desembarquei
(4) visitei	(8) gostei	(12) aconteceu

Em dezembro, eu (1) para Salvador em férias. (2) o avião no aeroporto de Guarulhos e, após duas horas e quinze minutos de vôo, (3) lá. (4) vários pontos turísticos. (5) ao Pelourinho, à igreja de São Francisco e a outros tantos lugares.
(6) alguns pratos típicos.Que delícia! A temperatura estava alta: fazia mais de 37 graus à sombra. O calor (7) motivo para muitas cervejas geladas.
(8) bastante da cidade e (9) ficar mais tempo, mas não (10) porque tive dificuldade em encontrar lugar em outro vôo. Quando (11) em São Paulo, meu irmão e eu conversamos sobre Salvador e contei a ele tudo o que (12).

8. Sugestão de respostas:

1. (6) convidou
2. (1) fizeram
3. (2) passaram
4. (4) chegou
5. (5) foram
6. (3) telefonou

(2) 1. O que vocês fizeram ontem, após o almoço?
(3) 2. Onde eles passaram as últimas férias?
(6) 3. Quem telefonou para mim esta manhã?
(4) 4. Por que o pedido chegou só agora?
(5) 5. Quantos funcionários foram a São Paulo para o evento?
(1) 6. Quem você convidou para a festa de fim de ano?

1. Ontem, após o serviço, fomos a uma choperia.
2. (Eles) passaram as últimas férias na Argentina.
3. Seu filho e o Sr. Frederico telefonaram esta manhã.
4. O pedido só chegou agora porque não tive como mandar antes.
5. Apenas dois funcionários foram a São Paulo para o evento.
6. Todos os nossos fornecedores e funcionários.

9.

1. quatorze	6. terceira
2. segundo	7. primeiro
3. trigésimo	8. quarta/quatro
4. vinte	9. três
5. cinco/dez	10. sexto

10. Sugestão de resposta:

Primeiro, fui ao supermercado. Depois almocei na casa de meus pais e ajudei minha mãe a arrumar a cozinha. Mais tarde, aluguei um filme para ver com amigos e, felizmente, eles gostaram. Finalmente, chegou a hora da pizza! Comemos, bebemos e, então, todos foram embora.

11.

1. seu	8. meus	15. suas
2. minha	9. deles	16. seus
3. nossos	10. seus	17. meu

4. dela	11. dele
5. sua	12. seu
6. dela	13. minhas
7. sua	14. nossas

12.

1. churrasco	5. barco
2. anteontem	6. pintado
3. alô	7. cartório
4. cocada	

13. a.

1. é	9. estuda
2. nasceu	10. estudo
3. nasci	11. trabalho
4. tem	12. dou
5. sou	13. tem
6. passou	14. tenho
7. mora	15. adoro
8. moro	

b.

1. Nasceu em Salvador, Bahia, em 11 de junho de 1980.
2. Nenhum, pois ele é filho único.
3. Em Feira de Santana, na chácara dos avós dele, Adroaldo e Eva.
4. Estuda Educação Física e trabalha. Dá aulas de tênis.
5. Sim. Skate e surf, entre outros.

EXPRESSÕES IDIOMÁTICAS

1. verde	4. preto
2. vermelho	5. azul
3. roxo	6. branco

Une, Dune, Te, a escolhida foi você!!!

1. três	9. empresa
2. crise	10. aviso
3. veloz	11. prazo
4. rodízio	12. prazer
5. juiz	13. cartaz
6. luz	14. análise
7. através	15. azar
8. fusão	

UNIDADE 3

1. Sugestão de respostas:

1. a. Que sol! Que calor!
   b. ensolarado
2. a. Que chuva!
   b. chuvoso
3. a. Que escuridão!
   b. nublado
4. a. Oba! Neve, que delícia!
   b. nevando
5. a. Que frio! Que vento!
   b. frio/ com muita ventania

2.

1. tron-co	9. cres-ci-men-to
2. ou-ro	10. tec-no-lo-gi-a
3. gua-ra-ni	11. ba-ca-lhau
4. as-sas-si-na-to	12. que-da
5. as-cen-der	13. gli-co-se
6. glo-ba-li-za-ção	14. ab-so-lu-to
7. qua-dru-pli-car	15. car-ro-ça
8. pe-chin-cha	16. ex-cur-são

3.

1. (b)   2. (d)   3. (a)   4. (c)

4. a.

1. agitado	4. resfriadinho
2. adolescentes	5. mal jeito
3. amigos	

b.

1. fazia	7. preparavam
2. jogavam	8. assistia
3. arrumava	9. conseguia
4. chamava	10. conversavam
5. dava	11. dormia
6. bagunçavam	

5.

1. era	11. voltava
2. acordava	12. terminou
3. tomava	13. procurou
4. vestia	14. enviou
5. andava	15. fez
6. esperava	16. Acabou
7. ia	17. é
8. estava	18. tem
9. Chegava	19. Gosta
10. saía	20. está

6.

Resposta pessoal

7. Sugestão de respostas:

A é muito <u>maior</u> do que B.
A é duas vezes <u>menor</u> do que B.
A vida noturna em A é <u>melhor</u> do que em B.
A vida noturna em A não é <u>tão agitada quanto</u> em B.
A comida é <u>muito mais gostosa</u> em B.
As oportunidades de trabalho são <u>melhores</u> em A.
Em B o trânsito é um pouco <u>pior</u> do que em A.

8.

(4) <u>o melhor</u>	(3) <u>a menor</u>
(6) <u>piores</u>	(2) <u>o maior</u>
(5) <u>a maior</u>	

2. O Brasil é o maior país da América Latina.
3. A Amazônia tem a menor densidade populacional do Brasil.
4. Curitiba tem o melhor sistema de transporte coletivo do Brasil.
5. São Paulo tem a maior colônia japonesa fora do Japão.
6. Um dos piores problemas das metrópoles é a violência urbana.

9. Sugestão de respostas:

1. Ver um filme no cinema é <u>melhor do ver em vídeo</u>.
2. Júlia Roberts é <u>tão bonita quanto Kim Bessinger</u>.
3. Tina Tunner é <u>menos famosa (do) que Madonna</u>.
4. Morar em apartamento é <u>pior do que morar numa casa</u>.
5. O rio Tâmisa, em Londres, é <u>menos poluído do que o rio Tietê, em São Paulo</u>.
6. Estudar português é <u>mais fácil do que estudar japonês</u>.
7. Falar em público é <u>tão difícil quanto falar ao telefone com um estrangeiro</u>.
8. Passar as férias no campo é <u>menos divertido do que passar na praia</u>.
9. Cozinhar é <u>mais agradável do que lavar a louça</u>.
10. Andar de avião é <u>mais seguro do que andar de bicicleta</u>.

10.

1. (F) É apenas um pouco mais barato.
2. (F) Não oferece opções dentro do hotel.
3. (F) O Hotel Cachoeira oferece apenas o almoço.
4. (F) Todos os hotéis oferecem o mesmo pacote com o mesmo número de dias.
5. Resposta pessoal.

11.

1. solteiro/a   2. casado/a   3. viúvo/a   4. divorciado/a

12.

Respostas pessoais.

13.

<u>Luís</u> está consertando o armário da cozinha, trocando as lâmpadas queimadas, abrindo o vinho para preparar a sangria e está levando o lixo pra fora.

<u>Carla</u> está preparando a comida/cozinhando, limpando os armários, varrendo o chão e lavando a louça.

14. Sugestão de respostas:

1. O que você fazia quando criança?
2. Quem pegou o lápis daqui?
3. O clima do Nordeste é o mesmo da Região Sudeste?
4. O que você fez ontem?
5. Vocês estão se divertindo aí em Porto Alegre?
6. O que você está fazendo agora?
7. Você não acha que o Roberto está um pouco diferente?

111

8. O que você faz no seu tempo livre?
9. A que horas você normalmente chega em casa?
10. Vocês já estiveram fora do país?

EXPRESSÕES IDIOMÁTICAS

1. frango
2. café-com-leite
3. gato
4. chuchu
5. filé mignon

Explicações:

1. Aquele goleiro <u>só toma gol</u>. Ele é <u>muito ruim</u>.

2. Ele é muito inocente, pois é <u>muito jovem</u>.
3. Que <u>bonitão</u> aquele rapaz!
4. Ela fala <u>muito/demais</u>.
5. Você sempre fica zzzcom a <u>melhor parte</u>.

Escreve-se com X ou CH?

1. mexer
2. pechincha
3. relaxar
4. xícara
5. bochecha
6. lixo
7. luxo
8. faxina
9. machucar
10. xereta
11. vexame
12. fachada
13. bexiga
14. cachimbo

1.

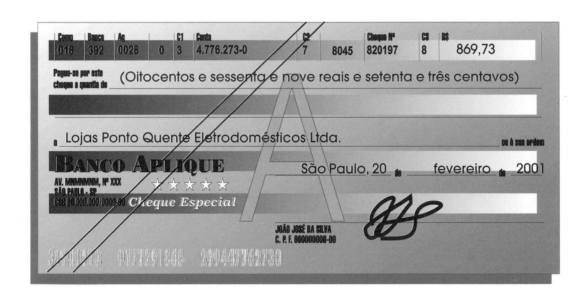

Comp	Banco	Ag	C1	Conta	C2		Cheque Nº	C3	R$
018	392	0028	0	3	4.776.273-0	7	8045	820197	8	869,73

Pague-se por este cheque a quantia de
(Oitocentos e sessenta e nove reais e setenta e três centavos)

a Lojas Ponto Quente Eletrodomésticos Ltda.   ou à sua ordem

BANCO APLIQUE
AV. MMMMMM, Nº XXX
SÃO PAULO - SP
CGC 00.000.000/0000-00
★ ★ ★ ★ ★
Cheque Especial

São Paulo, 20 de _____ fevereiro de 2001

JOÃO JOSÉ DA SILVA
C. P. F. 000000000-00

2.

1. reu-ni-<u>ão</u>
2. fa-cul-<u>da</u>-de
3. o-bri-<u>ga</u>-do
4. car-na-<u>val</u>
5. es-tu-<u>dan</u>-te
6. <u>quen</u>-te
7. te-le-<u>fo</u>-ne
8. me-<u>trô</u>
9. a-par-ta-<u>men</u>-to
10. com-pu-ta-<u>dor</u>
11. <u>sa</u>-la
12. es-<u>po</u>-sa
13. ma-<u>ri</u>-do
14. <u>ca</u>-sa
15. jan-<u>tar</u>
16. es-cri-<u>tó</u>-rio
17. pro-fis-<u>são</u>

3. Sugestão de resposta:

Nós vamos nos mudar para a Inglaterra. Nossos filhos vão se formar em Medicina. Eu serei promovido ao cargo de gerente. Minha filha caçula viajará para os Estados Unidos. Comprarei um carro novo.

4. Sugestão de respostas:

1. Eu nunca almoço em casa, mas meus filhos sempre almoçam.
2. Eu geralmente tenho reuniões após o expediente, mas meu funcionário nunca tem.
3. Eu normalmente viajo nas férias, mas no ano passado fiquei em casa.
4. Eu escrevo poucas vezes para amigos ou familiares, mas desta vez escrevi pra todo mundo.
5. Eu dificilmente alugo filmes na vídeo-locadora, mas minha irmã às vezes aluga.
6. Eu, às vezes, chego atrasado a compromissos, mas uma pessoa pontual nunca chega atrasada.
7. Eu jamais fiz um cruzeiro, mas tenho amigos que já fizeram.
8. Eu raramente tomo banho de mar ou de piscina à noite, mas meu filho, de vez em quando, toma quando acaba de jogar tênis.
9. Eu nunca esqueci o aniversário de meu marido/minha esposa, mas meu chefe já.

5. Sugestão de respostas:

Às 8h30, Júlia providenciou o retroprojetor e as transparências para a reunião. Às 9h, recepcionou os participantes da reunião. Às 10h, verificou o coffee break e, às 10h30, providenciou a limpeza. Às 11h30, confirmou a reserva no restaurante para os participantes da reunião e, às 12h30, ela foi almoçar.
Às 14h30, vai participar (participará) da reunião sobre o material gráfico e, às 15h, enviará (vai enviar) o malote bancário. Às 15h30, vai telefonar (telefonará) para o dentista para desmarcar a consulta e, às 17h, vai elaborar a previsão de despesas anuais. Às 18h45, terá aula de natação.

6.

1. moro num
2. passo pela
3. Gosto de/no
4. será na
5. estou no
6. lembraram do
7. esqueci das
8. era/morava numa
9. lembra dos/das
10. dirigimos com

7. Sugestão de respostas:

A . 1. Francisco ainda bebe e fuma muito? / Com que freqüência Francisco bebe e fuma?
2. Por que Francisco fuma menos hoje em dia?

B . 1. Com quem Cláudia vai se casar?
2. Quando Cláudia vai se casar?

C. 1. Há quanto tempo Alberto foi promovido?
2. A que Alberto foi promovido?

8.

1. comecei
2. vai viajar (viajará)
3. têm
4. vão
5. estudava/conheci
6. voltarão (vão voltar)
7. enviou
8. telefonaremos (vamos telefonar)
9. estava/começou
10. estão/coloquei

9. Sugestão de resposta:

Eu nunca pratiquei beisebol. Eu geralmente jogo basquete duas vezes por semana. Eu normalmente jogava futebol nos fins de semana, quando era solteiro. Eu dificilmente nado mais do que três vezes por semana.

T	U	A	S	Y	Q	L	B	D	B	O
E	Z	J	B	O	D	V	A	M	E	H
N	A	T	A	Ç	Ã	O	S	A	I	T
I	V	L	S	W	F	L	Q	B	S	R
S	J	P	Q	C	V	I	U	D	E	G
Y	H	L	U	X	A	F	E	P	B	L
A	C	V	E	F	U	T	E	B	O	L
M	K	O	T	B	N	F	E	G	L	E
G	S	V	E	D	J	G	E	A	U	T

10.

1. b) comeram
2. b) irão
3. a) subirão
4. b) narraram
5. b) cortaram
6. b) dormiram
7. b) beberam
8. a) viajarão
9. b) começaram
10. b) lavaram

11. Pelo auto - falante num shopping center.

A: Atenção, proprietário do carro placa JNZ 8951. Favor comparecer ao estacionamento.

(Minutos depois)

B: Boa tarde, sou o proprietário do carro.

A: Como é o seu nome?

B: Francisco Pereira.

A: Sr. Francisco, o seu carro está com o pneu furado.

B: Será que alguém pode trocar o pneu pra mim?

A: Claro. Vou chamar o rapaz pelo interfone.

B: Quanto custa o serviço?

A: É com ou sem câmera?

B: Sem.

A: R$ 15,00.

B: Puxa, que caro! Será que dá pra fazer um abatimento?

A: Infelizmente não posso fazer nada. O preço é tabelado, e o rapaz tem que levar o pneu à borracharia.

12. Sugestão de respostas:

Figura 1. Por favor, quero que você corte o meu cabelo chanel com franja e faça uma escova. Quero que ele fique bem liso. Depois, preciso fazer as mãos e os pés. Vou passar um esmalte claro. Quando acabar de me pentear, quero ser maquiada. A maquiagem deve ser bem discreta.

Figura 2. Por favor, passe a máquina zero no meu cabelo, raspe minha barba e apare meu bigode.

Figura 3. Gostaria de repicar meu cabelo na frente e deixar fio reto atrás. Veja se consegue abaixar meu topete, por favor.

EXPRESSÕES IDIOMÁTICAS

1. macaco
2. cobra
3. cachorro
4. gato
5. boi
6. cavalo

UNE, DUNE, TE, A ESCOLHIDA FOI VOCÊ!!!

1. anteontem
2. campeão
3. crânio
4. requisito
5. disenteria
6. esquisito
7. privilégio
8. meritíssimo
9. mercearia
10. empecilho
11. paletó
12. cadeado
13. penico
14. periquito
15. artifício

UNIDADE 5

1. Os símbolos e as letras podem variar.

Devem combinar:

1	7
2	3
3	5
4	6
5	10

6	1
7	9
8	4
9	2
10	8

2.

1. Os estudantes Albert Deweik, de 20 anos, e Roy Nasser, de 15, de São Paulo, tinham um conhecimento limitado sobre a Internet quando resolveram criar um endereço de busca. Começaram por vasculhar a rede à procura de informações e de programas que os ajudassem a montar a página. O resultado foi o Jarbas (HYPERLINK http://www.jarbas.com.br ´ www.jarbas.com.br), batizado com esse nome em homenagem ao mordomo das histórias em quadrinhos. Como já aconteceu outras vezes no mundo da Internet, a página que surgiu como uma brincadeira evoluiu e atraiu tráfego suficiente para convencer algumas empresas a colocar anúncios no Jarbas. O dinheiro que entrou já foi suficiente para fazer os dois rapazes sonharem em ter uma empresa virtual no futuro. Albert, no momento, passa uma temporada de estudos em Londres. Faz cursos na área de comércio eletrônico.

2. Que tal fazer reservas de hotéis, vôos, contratar serviços de operadoras de mergulho, alugar carros e todos aqueles detalhes que nos dão dor de cabeça em uma viagem, sem sair de casa e, o melhor, em qualquer parte do mundo? Essa é a proposta da agência virtual da Aquatrip. Via internet, através do site   HYPERLINK http://www.aquatrip.com ´ www.aquatrip.com, você tem uma lista completa de serviços, informações e links, permitindo ao mergulhador planejar a viagem sem intermediários ou, ainda, comparar preços e escolher os serviços que mais se adaptam ao seu roteiro.

3. "Não agüento mais esta vida tranqüila e saudável demais! Quero ouvir os sons da bateria, beber guaraná, comer lingüiça no churrasco do vizinho e ficar preso no trânsito freqüente da Avenida Paulista."

3. Sugestão de respostas:

1. Tomara que eles se divirtam.
   Desejo que ninguém fique doente.
   Duvido que eles voltem antes do fim do mês.
2. Talvez ele perca a entrevista.
   Pena que ele vá perder um emprego tão bom.
   Desejo que ele consiga pegar o ônibus depressa.
3. Espero que eles não briguem.
   Talvez eles fiquem um mês em lua-de-mel.
   Pena que eles sejam tão jovens para se casar.

4.

1. b	seja	4. e	leia
2. g	tragam	5. c	saibam
3. f	faça	6. a	esteja

5. Sugestão de respostas:

1. seja bom.
2. seja compreensível.
3. possam me entender.
4. seja flexível.
5. não seja tão afastado.
6. não sejam muito pesadas.
7. não seja tão difícil.

6. Sugestão de respostas:

Touro:
1. Quando mudar o visual, mais pessoas se aproximarão de você.
2. Se você não for cauteloso, poderá perder alguns amigos.

Gêmeos:
3. Quando você se recuperar, muitas surpresas no campo profissional aparecerão.
4. Se você não se cuidar, sua saúde não vai melhorar.

Câncer:
5. Quando você der mais atenção à sua família, todos ficarão mais felizes.
6. Se você gastar muito dinheiro, vai ter problemas no próximo mês.

Leão:
7. Quando chegar ao serviço amanhã, receberá uma grande promoção.
8. Se você ganhar algum presente em dinheiro, vai ter que dividi-lo com sua família.

Virgem:
9. Quando você se animar, terá grandes surpresas na vida afetiva.
10. Se ficar trancada em casa, nada de bom acontecerá pra você.

Libra:
11. Quando alguém o convidar para um passeio, você não vai aceitar, pois não vai querer jogar conversa fora.
12. Se ficar em casa, você arranjará briga com seus irmãos.

Escorpião:
13. Quando alguém começar uma discussão, você saberá contornar a situação.
14. Se um parente lhe pedir ajuda, você vai fazer o melhor para colaborar.

Sagitário:
15. Quando terminar aquele curso de inglês que iniciou há muito tempo, você vai viajar para o exterior.
16. Se não apressar seu curso de inglês, você perderá uma grande oportunidade de emprego.

Capricórnio:
17. Quando você aprender a controlar suas emoções, as coisas do coração vão melhorar um pouco.
18. Se disser tudo o que pensa, você ouvirá aquilo que não gosta.

Aquário:
19. Quando seus amigos lhe pedirem ajuda, você com certeza terá uma palavra amiga para consolá-los.
20. Se você se deixar levar pelas emoções, não vai conseguir ajudar seus amigos.

Peixes:
21. Quando você fizer as pazes com esses amigos, sua vida será outra.
22. Se você não abrir o olho, alguém no serviço vai lhe passar a perna.

7. Sugestão de respostas:

1. Vou chamá-los imediatamente.
2. Eu ia convidá-lo hoje.

3. Eu lhe telefonei ontem pela manhã.
4. Vou respondê-lo agora mesmo.
5. O senhor pode encontrá-los no escritório ao lado.
6. Estava esperando o motoboy para enviá-los ao escritório central.
7. Vou oferecer-lhes um café agora mesmo.
8. Ainda não lhes mostrei o relatório porque faltam alguns dados para serem preenchidos.
9. Vou deixá-la no correio antes de ir almoçar.
10. Vou procurá-las e entregá-las aos auditores antes do almoço.

8.

1. Estavam
2. esteja
3. está
4. Estava
5. Estou
6. estamos
7. estávamos

(3) Ele pensa que está sempre certo e nem sempre percebe as próprias falhas.

(6) Será que você poderia ligar o ar-condicionado? Nós estamos com calor.

(1) Estavam mortos de fome, por isso foram almoçar antes do meio dia.

(7) Nós estávamos com tanto frio ontem à noite que acendemos a lareira para aquecer a sala.

(2) Mesmo que você esteja sem paciência, tem que esperar sua vez para ser atendido sem furar a fila.

(5) Nossa! Estou com uma dor de cabeça daquelas, por isso vou tomar um remédio agora mesmo.

(4) Estou com muita sede, por isso bebi quase um litro d'água!

9.

(1) tem
(2) tenho/temos
(3) vendo/vendemos
(4) comprei
(5) pediu
(6) pedimos
(7) podemos
Estabelecimento: farmácia/drogaria

(8) Posso
(9) Pode
(10) ficou
(11) tem
(12) Tenho/Temos
(13) acabou
(14) precisava/preciso
Estabelecimento: loja de calçados

(15) comprou
(16) trouxe
(17) Esqueci
(18) podemos
(19) sei
(20) voltarei/volto
Estabelecimento: Loja de Eletrodomésticos

EXPRESSÕES IDIOMÁTICAS

As expressões da primeira coluna podem variar.

1. a. (2)   (3)
2. b. (1)   (5)
3. c. (5)   (4)
4. d. (3)   (1)
5. e. (4)   (2)

1. Droga! Não me diga que ele aprontou de novo! Fez algo errado outra vez.

2. Nossa! Que avião! Mulherão!

3. Puxa vida! Ele deu o cano! Não apareceu.

4. Mas que coisa! Você só me traz pepinos! Arranja problemas.

5. Legal! Hoje estou novinha em folha! Muito bem. Estou descansada.

Escreve-se com g ou com j?

1. gorjeta
2. sugestão
3. estrangeiro
4. sargento
5. traje
6. jibóia
7. tigela
8. geada
9. gíria
10. berinjela
11. majestade
12. jeito
13. ligeiro
14. gengiva
15. canjica

1. Sugestão de respostas:

- Hotel Beira Mar, bom dia.
- Bom dia. Por gentileza, eu gostaria de fazer uma reserva.
- Pois não. Qual é o período?
- De 25 de fevereiro a 3 de março. Qual é o valor da diária?
- R$ 110,00 por pessoa, com café-da-manhã.
- O quarto tem ar-condicionado?
- Não, há um ventilador de teto.
- Que outros serviços vocês oferecem?
- Temos piscina, sauna, sala de jogos, bar e restaurante.
- Qual é o horário do café-da-manhã?
- Das 6h às 10h. O senhor já tem o nosso endereço?
- Sim. Fica perto da praia, não é? E vocês parcelam o pagamento no cartão de crédito?
- Sim, senhor. Mais alguma coisa?
- Só isso, obrigado.
- Sempre às ordens. Esperamos vê-lo em breve.

2. Palavras que são acentuadas

1. alguém; 3. escritório; 4. fácil; 7. filé; 9. espécie; 13. seqüestro; 14. Bagdá; 15. vídeo; 17. três; 18. fé; 19. quinqüênio; 20. grátis; 21. óleo; 22.conteúdo; 25. ninguém; 27. protótipo; 30. êxito.

3. Sugestão de respostas:

1. Se eu perdesse meu passaporte dois dias antes de minha viagem, iria à delegacia registrar um B.O. (Boletim de Ocorrência) e adiaria a viagem.

2. Se eu chegasse atrasado a uma reunião importantíssima com a diretoria, pediria desculpas.

3. Se eu esquecesse o endereço do meu hotel, ao retornar de um passeio pela cidade, telefonaria para minha casa e pediria o número do telefone do hotel para poder ligar e anotar o endereço. Torceria para que alguém estivesse em casa!

4. Se eu precisasse alugar um apartamento num país estrangeiro, procuraria uma imobiliária local e me informaria sobre as condições para alugar um apartamento.

5. Se eu contratasse uma empregada, pediria referências dos lugares onde já trabalhou e faria uma experiência com ela por um tempo pré-determinado.

6. Se eu tivesse que matricular meus filhos na escola num país estrangeiro, pediria ajuda a colegas e professores que pudessem me orientar melhor para tomar essa decisão tão importante.

7. Se eu quisesse conhecer outras cidades no Brasil, pediria informações aos amigos brasileiros e iria a uma agência de viagem.

8. Se eu fosse aposentado, e não precisasse trabalhar mais, eu gastaria boa parte do meu tempo viajando e compraria muitos souvenirs das cidades que visitasse.

4. Sugestão de respostas:

1. pratos, copos, xícaras e talheres
2. roupas de cama, travesseiro
3. cabides
4. rádio, aparelho de som
5. estante de livros, prateleiras
6. abajur, spot, lustre
7. panelas, fogão, forno de microondas
8. espelho
9. televisão
10. geladeira
11. sofá e poltronas
12. filtro de água

5.

1. (1) bermuda
2. (1) biquini
3. (1) camiseta
4. (1) camiseta regata
5. (2) camisa
6. (2) calça comprida
7. (1 e 2) roupão de banho
8. (1) boné
9. (1) sandália
10. (2) casaco
11. (1 e 2) calcinha
12. (2) papéis
13. (1) toalha
14. (2) sapato
15. (1) maiô
16. (2) meia
17. (1) bota
18. (1) sunga
19. (2) gravata
20. (2) cinto
21. (1 e 2) livro
22. (1 e 2) óculos de sol (óculos escuros)
23. (1 e 2) cueca
24. (1 e 2) telefone celular

6.a. Sugestão de respostas:

1. Telma viajaria para o Pantanal se não fosse tão caro.
2. Os funcionários viriam trabalhar de metrô se houvesse uma estação de metrô perto da casa deles.
3. Eduardo depositaria o dinheiro na poupança se conseguisse economizar mais.
4. Ela não o promoveria se não fosse a pedido do diretor.
5. Pedro estaria a par do projeto se participasse das reuniões.
6. Eu faria um trabalho voluntário se tivesse mais tempo.
7. Gustavo saltaria de asa delta se não fosse tão medroso.
8. A taxa de desemprego não estaria tão alta se o governo desse mais incentivo às empresas.
9. O tráfego desta cidade não seria tão caótico se houvesse menos carros circulando.

b. Sugestão de respostas:

1. Se nós pudéssemos, viajaríamos mais freqüentemente.
2. Se o português dele fosse melhor, seria promovido.
3. Se Francisco nos dissesse tudo que sabe, certamente Afonso seria incriminado.
4. Se o Governo combatesse a sonegação, a classe média pagaria menos imposto.
5. Se eles economizassem mais, teriam mais dinheiro agora.
6. Se o Brasil não fosse tão grande, não haveria tanta diversidade climática.

7. Se o custo de vida não fosse tão alto em São Paulo, os paulistas poderiam comprar mais.
8. Se a seca do nordeste acabasse, não haveria tanta migração de nordestinos para outros estados.

7. Sugestão de respostas:

Beto: Também tive essa impressão.
Diana: Quantas aulas ainda teremos hoje?
B: Mais duas. O que você vai fazer depois da aula?
D: Nada de mais. Por quê? Qual é a sua idéia?
B: Podíamos almoçar juntos? O que você acha?
D: Onde? Eu ainda não conheço esta região muito bem.
B: Tem um restaurante por quilo aqui pertinho.
D: Como se chega lá?
B: A pé mesmo. O restaurante fica a uns cinco minutos daqui.
D: Quanto custa?
B: O quilo deve ser mais ou menos 10 reais. Que tal?
D: Tudo bem, te vejo na saída. Tchau!

8. a . Sugestão de respostas:

1. Enquanto alguns estavam indo, outros já estavam voltando.
2. Enquanto Márcio jogava ioiô, Paulo ouvia música.
3. Enquanto um cachorro comia, o outro dormia.

b .

1. Eu estava tomando um sorvete, quando uma bola acertou minha cabeça.
2. Eu estava pescando, quando fisguei/peguei um sapato.

9.

1. bater papo
2. deu o cano
3. caiu do cavalo
4. com a maior cara-de-pau
5. de cara amarrada
6. dor-de-cotovelo
7. pra chuchu

10.

Resposta pessoal

11.

Na mesma canoa ...
1. (4) abalar o mito do homem cordial e trazer para o presente o país do futuro.
2. (6) estão em busca das mesmas reivindicações: educação, saúde e trabalho.
3. (3) Querem transformar em realidade a retórica da democracia racial,
4. (1) Depois de 500 anos do Descobrimento,
5. (2) os poucos índios que sobraram para contar a história desejam uma integração maior.
6. (5) Índios, negros e brancos que moldaram o caráter nacional

12.

2. go-ver-no
3. dis-tin-tas
4. ve-re-dic-to
5. di-vul-ga-do
6. em-pre-sa
7. mo-no-po-lis-ta
8. a-pe-li-da-das
9. e-xem-plo
10. en-car-re-ga-da
11. ex-clu-si-va-men-te
12. der-ru-ba-ram
13. bi-lhões
14. for-tu-na
15. in-ves-ti-dos
16. li-de-ran-ça

EXPRESSÕES IDIOMÁTICAS

1. (d)   2. (a)   3. (c)   4. (b)

UNE, DUNE, TE, A ESCOLHIDA FOI VOCÊ!!!

1. consciência
2. disciplina
3. acréscimo
4. expansão

5. exceção
6. acelerado
7. assédio
8. fascículo
9. próximo
10. máximo
11. cassino
12. ascensão
13. assinatura
14. assobio
15. assustado
16. mercenário

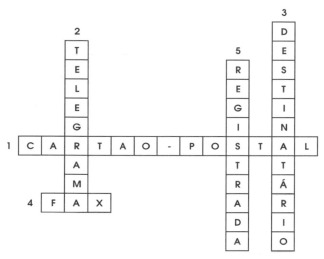
UNIDADE 7

1.

(palavras cruzadas)

2 TELEGRAMA
1 CARTAO - POSTAL
4 FAX
5 REGISTRADA
3 DESTINATÁRIO

2.

1. p/: para
   pgto: pagamento
   desc.: desconto
   3x s/j: três vezes sem juros
   q.q.: qualquer

2. ch.30/60: cheque para 30 e 60 dias
   salg.: salgados
   sand.: sanduíches
   Entr. dom.: Entrega a domicílio

3. constr.: construção
   prof.: profissional
   estac.: estacionamento
   pisc.: piscina
   infra-estr. compl.: infra-estrutura completa
   c/ ou s/: com ou sem

4. pcte.: pacote
   p/12 pes.: para 12 pessoas
   dorms.: dormitórios
   churr.: churrasqueira
   c/Sônia: com Sônia
   F.: fone (telefone)

5. Próx.: próximo
   f. semana: fim de semana
   c/3 ref/dia: com 3 refeições por dia
   120 Km/SP: A 120 quilômetros de São Paulo
   pg em 2X: pagamento em duas vezes

6. Popul.: popular
   pts.: portas
   c/Km: com quilometragem
   sem: semanal
   men: mensal
   c/c: cartão de crédito

3. Sugestão de respostas:

1. Há alguns / poucos meses.
2. Já conheço todos os professores e vários alunos.
3. Poucas. / Muitas. / Várias.
4. Alguns dias eu fico em casa.
5. Ninguém. / Todos.
6. De todos. / De nenhum. / De alguns.
7. Alguém. / Ninguém. / Pode ser qualquer um do departamentos.
8. Demais. / Vários dias fico até tarde para terminar toda a minha lição.
9. Qualquer um.
10. Quase nada. / Muito dinheiro. / Alguns dólares.

4. Sugestão de respostas:

(O uso dos demonstrativos pode ser variado. Ao descrever os objetos, o aluno deve se imaginar próximo ou distante dos mesmos para escolher o pronome adequado.)

- Este é um excelente tapete persa que ganhei de minha avó. Ele deve valer uns 600 reais.
- Aquele maravilhoso quadro é um legítimo 'Portinari'. Ele não custa menos que 5 mil reais.
- Esta antiga poltrona de couro veio da Espanha. Foi um presente de casamento dos meus tios. Ela deve custar uma fortuna. Acho que vale uns 1.500 reais.
- Este lindo vaso de porcelana chinesa tem um valor sentimental muito grande. Ganhei de meu bisavô. Ele é todo pintado à mão. Deve custar uns 800 reais.
- Aquela prática luminária é de ferro. Ela pode ser usada em qualquer cômodo da casa. Deve custar só uns 120 reais.

5.

1. (b)
2. (e)
3. (d)
4. (a)
5. (c)

a. Tente
b. Pare
c. Esclareça
d. Seja
e. Não perca

6. Sugestão de respostas:

1. Durma, pelo menos. 6 horas por dia.
2. Exercite-se! Faça caminhadas. Faça ginástica, ao menos, duas vezes por semana.
3. Coma muita fruta. Faça uma alimentação leve e beba muito líqüido.
4. Sorria. Seja feliz. Permita-se fazer pequenas coisas.
5. Tire férias todo ano. Viaje bastante. Divirta-se. Conheça lugares novos.
6. Durma cedo e levante cedo. Aproveite bem o dia!
7. Não coma muita carne vermelha ou muito peixe congelado. Coma carne fresca. Não exagere nas gorduras. Prefira saladas e verduras.
8. Evite comer bobeiras fora de hora. Coma na hora certa.
9. Comemore todos os bons momentos de sua vida. Prepare uma festa surpresa para quem você ama. Festeje suas vitórias com os amigos e familiares.

7.

Jorge: **Vá** em frente até o primeiro farol e **vire** à direita. **Vá até** a padaria e **desça** a ladeira do Ipê. O restaurante fica no fim da rua, à esquerda.

Sandra: (sugestão de resposta) Vire a primeira direita e, em seguida, a esquerda na avenida Rio Branco. Vá até o farol e vire à esquerda. Desça a ladeira Ipê e mantenha-se à esquerda. Você logo verá o restaurante à sua esquerda.

8.

1. entrou na contra-mão
2. fez uma conversão errada
3. não deu a preferência
4. a velocidade máxima permitida é de 40 km/h

Sugestão de resposta:

Eu tive que pegar um táxi para levar minhas encomendas e pegar as crianças na escola, antes de resolver o problema com o meu carro. Não tinha mais tempo pra discutir com o guarda. Deixei o carro lá e fui embora. O táxi fez um caminho terrível e pegou o maior trânsito. Meu celular estava sem bateria e não pude ligar para a escola. Já estava muito preocupada, mas, felizmente, cheguei à escola antes do último turno. À noite, contei tudo pro meu marido e ele ficou uma fera! Antes de me deitar, o telefone tocou. Era do Distrito Policial dizendo que meu carro tinha acabado de ser guinchado e levado para o pátio da delegacia. Desmaiei!!!

9.

É tempo de férias. Os sintomas são percebidos rapidamente. Na televisão, começam a pipocar as intermináveis reprises de filmes infanto-juvenis, classificadas como "Festival de Férias". As mães começam a enlouquecer com os pequeninos brincando freneticamente, de um lado para o outro. E o sossego acaba. Que tal, no entanto, tornar as coisas um pouco mais divertidas e dividir com os garotos a emoção das viagens inesquecíveis?

10. Sugestão de respostas:

1. Quando / Se eu for promovido, vou receber um ótimo salário
   Se eu fosse promovido, receberia um ótimo salário.
2. Quando / Se eu for demitido, arranjarei, logo, um novo emprego.
   Se eu fosse demitido, arranjaria, logo, um novo emprego.
3. Quando / Se eu falar um outro idioma fluentemente, vou me mudar para o exterior.
   Se eu falasse um outro idioma fluentemente, me mudaria para o exterior.
4. Quando / Se eu me mudar para o exterior, vou estudar um novo idioma.
   Se eu me mudasse para o exterior, estudaria um novo idioma.
5. Quando / Se eu começar meu próprio negócio, vou ganhar mais dinheiro.
   Se eu começasse meu próprio negócio, ganharia mais dinheiro.
6. Quando / Se eu ganhar um milhão de reais, viajarei pelo mundo inteiro.
   Se eu ganhasse um milhão de reais, viajaria pelo mundo inteiro.
7. Quando / Se eu comprar uma casa nova no campo, farei um churrasco para comemorar.
   Se eu comprasse uma casa nova no campo, faria um churrasco para comemorar.
8. Quando / Se eu ficar preso num elevador, vou esperar por socorro.
   Se eu ficasse preso num elevador, esperaria por socorro.
9. Quando / Se meu chefe me convidar para jantar na casa dele, eu aceitarei com o maior prazer.
   Se meu chefe me convidasse para jantar na casa dele, eu aceitaria com o maior prazer.
10. Quando / Se eu chegar em casa, antes das 19h, numa segunda-feira, vou fazer compras.
    Se eu chegasse em casa, antes das 19h, numa segunda-feira, iria ao supermercado.

11.

1. preste	8. Mude
2. preocupe	9. fique
3. coloque	10. tenha
4. dirija	11. ultrapasse
5. pise	12. Seja
6. engate	13. obedeça
7. tire	14. Pare

12.

(5) Eles têm urgência no recebimento?

(11) Coloque tudo dentro de um envelope simples, que nós providenciaremos a embalagem adequada aqui no Correio.

(7) Sugiro, então que a senhora envie tudo por Sedex.

(13) Por nada. Sempre às ordens.

(1) Agência de Correio, Guarulhos. Bom dia.

(9) Realmente é um pouco mais caro, mas vale a pena. É mais rápido e seguro.

(12) Muito obrigada pela atenção.

(10) E quanto à embalabem?

(6) Sim, bastante. Principalmente o dinheiro.

(3) Pois não.

(8) Mas não é muito caro?

(4) Eu tenho que mandar para os meus pais, em Recife, duas fitas de vídeo e algum dinheiro. Qual seria a maneira mais segura de enviar?

(2) Bom dia, eu preciso de uma informação sobre envio e embalagem.

13.

1. levante – pegue
2. venha
3. traga – ligue – tente

4. tire – puxe
5. jogue – dê

EXPRESSÕES IDIOMÁTICAS

1. (d) Seu barbeiro!   (H)
2. (e) Vá esquentar a barriga no fogão!   (M)
3. (a) Pé de chumbo!   (M ou H)
4. (b) Tire o pé do freio!   (M ou H)
5. (c) Vá lavar roupa, dona Maria!   (M)

UNE, DUNE, TE, A ESCOLHIDA FOI VOCÊ!!!

1. habilidade
2. ágil
3. horizonte
4. ira
5. estátua
6. êxito
7. ingênuo
8. hoje

9. habilitação
10. hálito
11. onipotente
12. herança
13. herói
14. higiene
15. erva
16. itálico

UNIDADE 8

1.

a. dissipar-se
b. iguaria
c. abater

d. pérola de pura tradição regional
e. imutável

2.

a. macio, amanteigado, crocante na boca.
b. Bizarro
c. Tem pouca gordura.
d. Deixe-o totalmente limpo, massageie-o internamente com sal, alho, pimenta e banha, costure as aberturas da barriga e do pescoço e coloque-o no forno, típico da região, trespassado, apoiando o cabo na porta. Asse-o por cerca de duas horas, a uma temperatura de uns 250 graus.
e. É servido com batatas fritas e salada de alface, tomates e cebola. Acompanha um espumante branco da cave Messias, da própria região.
f. No Natal e no Ano Novo.

3. Sugestão de respostas:

Couvert
1. torrada com alho, azeite e orégano
2. pãozinho com manteiga / pão de queijo
3. biscoitos salgados com patê e azeitonas

Entrada
1. Sopa
2. Salada
3. Casquinha de siri

Prato Principal
1. arroz à grega com fritas e filê a parmegiana
2. lazagna ao molho branco
3. arroz, feijão, farofa e bife a cavalo

Bebida
1. vinho tinto/rosé/seco/suave
2. cerveja/chop
3. caipirinha

Sobremesa
1. torta de maçã com chantilly
2. mousse de chocolate
3. doce de abóbora com coco

4.

Ao chegar num restaurante:

(5) Essa é sua senha. Por favor, aguarde que chamaremos pelo número.
(9) De nada. Fiquem à vontade!
(1) **Boa noite! Pois não.**
(4) Fumantes.
(7) Uns 30 minutos, no máximo.
(2) Mesa para 4, por favor.
(6) Quanto tempo de espera?
(3) Fumantes ou não fumantes?
(8) Então, iremos aguardar. Obrigado.

Já na mesa, o garçom entrega o cardápio.
(4) Ainda vamos escolher. Quando você trouxer a bebida, pediremos.
(1) **O que vão beber?**
(5) Ok
(3) Já querem fazer o pedido?
(2) Um chopp, um suco de laranja sem açúcar, uma coca e uma água com gás.

5.

1. desconheçam
2. preparada
3. escrita
4. explica/explicou

5. substituída
6. era
7. tinha
8. funcionava

a. gourmets – apreciadores de bons pratos
b. moqueca – *guisado de peixe ou de mariscos, temperados com coco, azeite e em algumas regiões com azeite de dendê (Bahia).
*Guisado – comida refogada com molho
c. labareda – grande chama
d. bobó de camarão – guisado de camarão com um espesso molho à base de mandioca (aipim)
f. crustáceo – tipo de animal aquático. Ex.: camarão, caranguejo, siri...

6. Sugestão de perguntas e respostas sobre o texto "Malibu é aqui":

1. Que tipo de pessoas freqüenta a praia de Aleluia?
   R: Os jovens de classe média alta.
2. O que levou esses jovens a procurarem uma nova praia para se divertirem?
   R: Eles se cansaram das praias lotadas de turistas.
3. Quais são as maiores atrações da praia de Aleluia que a fizeram tão famosa?
   R: Gente bonita, luaus e jogos de verão.
4. O que atrai as meninas bonitas à praia de Aleluia?
   R: A praia não poluída e o ambiente selecionado atraem não só as meninas bonitas, mas como toda essa galera jovem de classe média alta.
5. O que impede que a periferia chegue até a praia de Aleluia?
   R: O acesso de ônibus até lá é difícil, portanto dificilmente a periferia pode chegar até a praia.
6. O que acontece na praia em noite de lua cheia no verão?
   R: Fogueira e luau.
7. Que petiscos e bebidas são vendidos na Barraca do Lôro e no quiosque Mau & Mau?
   R: Carpaccio, lagosta, peixe ao alho e óleo e caipiroska, entre outros.

7.

1. transitozinho	6. meninão
2. rapagão	7. pãozinho
3. cabeção	8. trabalhão
4. minutinho	9. dinheirinho
5. festança	10. panelinha

8.

1. me	4. los / os	7. conosco	10. lhes
2. lhe	5. as	8. se	11. si
3. a	6. nos	9. mim	12. conosco

9. Sugestão de diálogo:

R: Alô, Lena?

L: *Oi, Renato, tudo bem?*

R: Tudo. Recebeu meu convite?

L: *Sim, e adorei a idéia. Vamos no meu carro ou no seu?*

R: Podemos ir no meu.

L: *Então está bem. A que horas você pensa em sair?*

R: Lá pelas 6 horas. É muito cedo pra você?

L: *Não, está bem. É melhor passarmos pelo supermercado, antes de irmos, não acha?*

R: Não se preocupe. Lá perto da chácara há um supermercado muito bom. Você encontra de tudo.

L: *Bem, então vamos fazer a divisão de tarefas quando chegarmos à chácara. Eu quero ajudar no que for possível, ok?*

R: *Obrigado, mas não se incomode. A nossa empregada irá conosco.*

10. Resposta Pessoal

11.

1. Um trem pagador foi assaltado na Inglaterra, por Ronald Biggs.
2. Duas eleições presidenciais no Brasil foram vencidas por Fernando Henrique Cardoso.
3. O visto de entrada é exigido pela Polícia Federal para turistas de alguns países.
4. O ar é poluído pelo monóxido de carbono.
5. A declaração do imposto de renda é entregue pelos brasileiros em abril.
6. O almoço foi preparado por mim em uma hora.
7. As compras são feitas todos os sábados.
8. A mensagem foi deletada por nós, sem querer.
9. A sede do Governo Federal foi transferida para Brasília em 1960, pelo então Jucelino Kubitschek
10. John Kennedy foi morto por Lee Oswald.

12.

Começar De Novo

Mais do que **os** homens, **as** mulheres acima de 60 renovam suas vidas com muito entusiasmo e alegria. <u>os/as</u>.
Mesmo com **os** filhos adultos, sem **um** companheiro ou **um** trabalho, **as** mulheres reagem mais rápido à viuvez e **à** aposentadoria. Elas vão **à** luta em busca da felicidade, com muita determinação. Os homens, por sua vez, geralmente ficam apáticos, quase perdidos. Não raro, depois de deixarem o trabalho, eles se sentem inúteis, perdem horas em frente **à** tevê ou jogando dominó. <u>os/um/as/à/as/a/à</u>
A geriatra Anita Néri, da Universidade de Campinas (Unicamp) acredita que **os** homens passam a vida como provedores do lar e não se preparam para a aposentadoria. Não cultivam hobbies, esportes ou outro tipo de atividade. **As** mulheres, ao contrário, são menos acomodadas. <u>A/os/As</u>

EXPRESSÕES IDIOMÁTICAS

Sugestão de respostas:

1. Aos apressados: "Para conseguir o que se quer, é necessário calma e paciência".
2. A um veterinário cujos cães estão maltratados e doentes: "Todos pensam que os profissionais cuidam dos seus, antes de cuidar dos outros, mas nem sempre isso acontece".
3. A uma pessoa um pouco lenta: "É preciso ser um pouco mais rápida, se não você fica para trás".
4. Às pessoas que desprezam coisas velhas: "As coisas velhas são bem mais resistentes e boas do que as modernas".

UNE, DUNE, TE, A ESCOLHIDA FOI VOCÊ!!!

1. composição	6. extensão	11. detenção
2. ascensão	7. exposição	12. obtenção
3. suspensão	8. tensão	13. execução
4. apreensão	9. Interpretação	14. armação
5. compensação	10. compreensão	15. explicação

1. Sugestão de respostas:

Oi, Lívia e Larissa. Como vão?

Esta é minha casa nova.

Ela não é mesmo linda?

Eu a comprei nos Alpes da Cantareira,

em São Paulo.

Os quartos são muito espaçosos e confortáveis.

O jardim é bastante florido e a garagem é enorme.

Cabem 6 carros.

Vocês nem imaginam o tamanho da casa!

Ela fica perto das montanhas e longe da poluição.

À direita da casa, você pode ver um lindo parque florestal,

e, à esquerda, um lago. É realmente incrível!

As crianças adoraram a piscina.

Nós vamos nos mudar daqui a duas semanas.

Um beijo, Sílvia, Carlos, Gabriela e Mateus.

2. Sugestão de respostas:

1. são enviados rapidamente.
2. trabalham cuidadosamente.
3. ela abraça carinhosamente suas crianças e brinca com elas.
4. dificilmente fuma.
5. ele falou calmamente sobre o problema.

3. D. Neusa: Oh, meu Deus! Você ainda me pergunta qual é o problema?...
Pedreiro: Não dá não! A pressão da água está muito forte. Nossa! Os canos estão todos rachados. ...
Pedreiro: Fique tranqüila, Dona Neusa. Se Deus quiser, vou terminar tudinho até amanhã.

4. Sugestão de respostas:

- Aumente o corredor, diminuindo os quartos de solteiro.
- Tire a copa e faça uma cozinha maior.
- Diminua a lavanderia e aumente o quintal dos fundos.
- Deixe um quarto sem banheiro, para ganhar mais espaço.

5. Sugestão de respostas:

Vantagens
1. quintal grande para as crianças
2. escritório com entrada independente
3. um banheiro em cada quarto
4. cozinha grande e arejada
5. área de lazer com churrasqueira
6. sacada no quarto principal

Desvantagens
1. portão não automatizado
2. quartos pequenos
3. não há lavabo no escritório
4. corredor estreito
5. sala de estar muito próxima à sala de jantar
6. garagem sem cobertura

b. Automatizar o portão e cobrir a garagem.

6. Sugestão de respostas:

Eletrodomésticos	Partes da cada
1. aspirador	1. despensa/lavanderia
2. espremedor de suco	2. cozinha
3. ferro de passar	3. lavanderia
4. fogão	4. cozinha
5. máquina de lavar roupa	5. lavanderia
6. torradeira	6. cozinha
7. liqüidificador	7. cozinha
8. rádio	8. quarto/sala
9. geladeira	9. cozinha
10. televisão	10. sala/quartos...

7. Sugestão de respostas:

a. sala de jantar
1. lustre   2. mesa   3. cadeiras   4. buffet

b. sala de visitas
1. poltrona   2. mesa de centro   3. mesa de canto   4. estante

c. quarto
1. cama de casa/solteiro   2. criado-mudo   3. cômoda
4. guarda-roupa

d. cozinha
1. armário   2. mesa e cadeiras   3. cristaleira   4. escorredor de louça

e. banheiro
1. porta-toalha   2. vaso sanitário   3. box   4. gabinete

8.

1. (1)	6. (3)	11. (2)
2. (2)	7. (3)	12. (1)
3. (2)	8. (1)	13. (3)
4. (1)	9. (1)	14. (3)
5. (2)	10. (1)	

9.

1. de cor	6. bem
2. em vão	7. pior
3. às pressas	8. devagar
4. frente a frente	9. melhor
5. passo a passo	10. Em geral

10. Sugestão de respostas:

1. Ontem fui demitido.
2. Fui aprovado no teste.
3. Sim. Vou ser pai.
4. Não consegui fechar o negócio.
5. É que ouvi tantas opiniões diferentes que agora não consigo decidir.

11. Sugestão de respostas:

a. Da casa de Milena à lavanderia

(1) à direita	(4) à sua direita
(2) o semáfaro/farol	(5) entre
(3) vire à esquerda	(6) antes

b. Da lavanderia à casa de Paula

Siga em frente até o farol e vire à direita e vá até o final. Quando chegar na rua 13 de maio, vire à direita e vá em frente. A casa da Paula fica no final da rua, logo após a escola, à sua direita.

c. Da casa de Paula à livraria

Vá sempre em frente e vire à primeira direita e logo à direita novamente. A livraria fica no primeiro quarteirão, na esquina da rua Canário com a avenida Manoel da Nóbrega.

12.

1. José falou que não tinham verba pra isso.

2. Rita então disse que tinham que dar um jeito. E que já não estava dando mais conta do serviço de casa.
3. José perguntou se não podiam esperar até o fim do ano.
4. Rita disse que, até lá, já estaria morta de cansaço.
5. José então falou que, quando o seu curso da faculdade terminasse, poderia ajudá-la mais.
6. Rita perguntou que serviço doméstico ele sabia fazer.
7. Finalmente, José respondeu que nunca era tarde para aprender.

EXPRESSÕES IDIOMÁTICAS

1. (c)   2. (d)   3. (a)   4. (b)

1.

poderia	Sou eu mesmo	Aqui é	Pois não.
Sem problemas.	possam	Tudo bem.	Seria ótimo.
faça	De maneira alguma.	obrigado	Não há de que.

2. Sugestão de respostas:

A: Gostaria de falar com Toni.
B: **Quem gostaria?**
A: Léo.
B: **Como? Pode repetir?**
A: Leonardo Lopes, da loja de móveis.
B: **Um momento, por favor.**
A: Alô. Sou Toni, pois não.
B: **Toni, aqui é o Leo, da Tauros.**
A: O que deseja?/Pois não, o que gostaria?
B: **Necessito da confirmação do local de entrega.**
A: Pode ser tanto no escritório quanto em casa.
B: **Então, entregaremos em sua casa. Obrigado e até logo.**

3.

Respostas pessoais.

4.

Cenas do Cotidiano

A transformação dos bens de consumo que rodeiam **o** homem e **a** "infra-estrutura inteligente" já está em andamento. **O** computador, **o** telefone, **a** televisão, **o** automóvel, **a** casa e **os** eletrodomésticos cada vez mais sofisticados vêm por aí. No século 21, com **o** carro e **a** CPU doméstica ligados **à** Internet, alguém que more sozinho poderá chegar em casa e encontrar **o** jantar e **a** sobremesa prontos. Bastará para isso enviar **um** e-mail do escritório, ou dar **um** comando vocal para **o** microondas e **o** freezer ao entrar no carro, antes de iniciar **o** percurso de volta **ao** lar, doce lar.

Um breve relato

(As) minhas férias foram inesquecíveis! Conheci quase toda **a** Europa. Visitei **a** Itália, **a** França, Portugal e **a** Grécia. **A** Itália é linda. Não dá nem pra descrevê-la. **Os** perfumes que trouxe da França são todos para **(as)** minhas irmãs. Elas adoram perfume! **As** pessoas em Portugal são super receptivas. Na Grécia, comprei **uma** bolsa para minha mãe, brinquedos para meus sobrinhos e **um** relógio para meu pai. No retorno para **o** Brasil, tive **um** probleminha na alfândega. **(As)** minhas bagagens excederam **o** peso permitido e por isso quase tive que pagar **uma** multa enorme. Mas, para minha sorte, meu tio, que é um dos policiais federais, estava lá e conseguiu dar **um** jeitinho para eu não precisar pagar **a** multa. Todos adoraram **os** presentes. E eu adorei **a** viagem!

5. Sugestões de respostas:

1. Certamente <u>ela vai adorar o mar</u>.
   Talvez <u>ela fique impressionada com a imensidão do mar</u>.
   Se <u>ela não tiver medo das ondas, vai adorar sua primeira experiência de banho de mar</u>.
2. Certamente <u>ele vai ter de estudar uma segunda língua para conseguir um bom emprego</u>.
   Talvez <u>ela não se interesse muito por idiomas</u>.
   Se <u>ele estudar, conseguirá aprender logo, pois é muito inteligente</u>.
3. Certamente <u>sua mãe vai ficar muito preocupada</u>.
   Talvez <u>ele consiga pegar uma carona com algum colega</u>.
   Se <u>ela tiver sorte, poderá pegar o trem que sairá em dez minutos</u>.
4. Certamente <u>elas vão se lambuzar</u>.
   Talvez <u>elas queiram mais um sorvete</u>.
   Se <u>elas não beberem água depois de chuparem o sorvete, poderão ficar resfriadas</u>.
5. Certamente <u>ela vai tirar uma boa nota</u>.
   Talvez <u>ela queira dormir quando chegar em casa</u>.
   Se <u>ela for bem na prova, não vai ficar de recuperação</u>.

6. a.

Ontem o Sr. Salvador...
1. leu todo o jornal.
2. cuidou do jardim.
3. foi ao banco às 10h da manhã.
4. jogou dominó.
5. almoçou em casa.

Antigamente ele...

1. saía bem cedo de casa.
2. dirigia mais de 60 km por dia.
3. lavava o carro.
4. recebia bastante gorjeta.
5. conversava com os estrangeiros.

b.

1. O Sr. Salvador foi ao banco às 10h da manhã para receber o pagamento da aposentadoria.
2. Leu todo o jornal e cuidou do jardim, só na parte da manhã.
3. Almoçou em casa e comeu uma deliciosa macarronada.
4. Jogou dominó com os amigos na pracinha.
5. Dirigia mais de 60 km por dia, atrás de boas corridas.
6. Lavava o carro toda semana, pois ele tinha que estar impecável.
7. Recebia bastante gorjeta, principalmente dos turistas.
8. Conversava com os estrangeiros, por isso aprendeu um pouco de várias línguas.
9. Saía bem cedo de casa, quase de madrugada.

7.

1. Os pinhões já foram descascados.
2. O bolo de fubá ainda não foi feito.
3. As barracas ainda não foram montadas.
4. O vinho já foi aquecido.
5. As maçãs-do-amor já foram caramelizadas.
6. Os fogos ainda não foram soltos.
7. A quadrilha já foi ensaiada.

8. a.

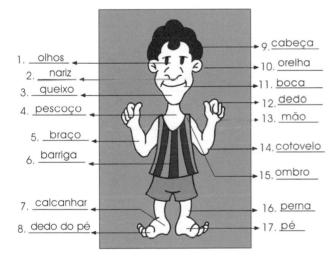

1. olhos
2. nariz
3. queixo
4. pescoço
5. braço
6. barriga
7. calcanhar
8. dedo do pé
9. cabeça
10. orelha
11. boca
12. dedo
13. mão
14. cotovelo
15. ombro
16. perna
17. pé

9.

Roberto: Desculpe pelo atraso. Fiquei preso no trânsito e meu celular estava sem bateria e não pude avisá-la.
Cláudia: Você sabe que horas são? Hoje é sábado e não há trânsito às 10 da manhã.
Roberto: Não vamos discutir, está bem? Temos o resto da manhã para nos divertir. O dia está lindo hoje.
Cláudia: Estou cansada das suas desculpas e de sua cara-de-pau. Vou embora e não quero mais vê-lo na minha frente.
Roberto: Por favor, fique! Juro que não farei mais isso.
Cláudia: Esta é a última vez que aceito suas desculpas. Se você me der o cano outra vez, você jamais me verá de novo!

10.

1. mal   2. as malas   3. anos/questão   4. fila/exceção
5. cerimônia/bem

MÃOS À OBRA!

Ruberval – o síndico, em...
"A Pauta de hoje"

1. "Boa noite! Temos que conservar **mais** as áreas comuns do prédio. E os animais de estimação são **certamente** os primeiros da lista. As crianças não devem **absolutamente** levar seus cães ou gatos, sem coleira, para passear no pátio. A porta de vidro da entrada deve estar sempre bem sinalizada pra evitar futuros problemas. Temos que trocar **logo** os capachos, próximos ao elevador, pois algumas crianças já tropeçaram. E os toldos deverão ser lavados por uma empresa especializada, e...

2. 1. Os capachos têm que ser trocados.
   2. Uma empresa especializada será chamada para lavar os toldos.
   3. As áreas comuns do prédio têm que ser conservadas

EXPRESSÕES IDIOMÁTICAS

1. a (Pedro)   2. d (Luís)   3. c (Helena)   4. b (Sandra)

UNIDADE 11

1. Sugestão de respostas:

Fábio: Gostaria de fazer a matrícula do meu filho.

Fábio: Sim. Estão aqui.

Fábio: Quantas fotos são?

Fábio: De que tamanho?

Fábio: Hoje é o último dia para fazer a matrícula?

Fábio: Então, tem algum lugar para tirar foto aqui perto?

Fábio: Até que horas vocês estão atendendo?

Fábio: Vou levar meu filho para tirar a foto e já volto.

Fábio: Mas, vocês não têm máquina de xerox?

2.

1. quem	5. quantas
2. onde	6. cujo
3. em cuja	7. a qual
4. que	8. as quais

3. Sugestão de respostas:

1. Se eu tivesse saído mais cedo de casa, teria chegado a tempo.
2. Eles não têm pago as contas há dois meses.
3. Eu tinha preparado o relatório, mas esqueci em casa.
4. Quando eu retornar à América, terei aprendido um idioma estrangeiro.
5. Eu tinha aceitado o convite, mas depois mudei de idéia.
6. Eles têm ido ao médico todos os anos.
7. Se ela tivesse parado de fumar, não estaria com esse problema.
8. Nós temos feito ginástica todas as manhãs.

4. a.

1. estada, tempo de duração em algum lugar
2. bom no que faz (no texto, craque aparece com sentido pejorativo)
3. uma ação que provoca uma reação e assim sucessivamente
4. aquilo que provoca controvérsias ou opiniões diferentes
5. ato de gerir, gerência, comando
6. no texto, significa sem mudar de série, sem passar de ano, sem fazer progresso

b. Sugestão de respostas:

1. Quantos jovens brasileiros entre 7 e 14 anos estão na escola atualmente?
2. Que mudança importante ocorreu no ensino fundamental em 1998?
3. O que é Provão?

5.

a. Renato Aragão, que é um famoso comediante, foi eleito embaixador da UNICEF no Brasil.
b. São Luís está situada no Nordeste onde a colonização foi feita pelos franceses.
c. Foi a Princesa Isabel quem assinou a Lei Áurea, libertando todos os escravos no Brasil.
d. Barretos, onde se realiza o maior rodeio do Brasil, fica no interior de São Paulo.
e. Brasil, onde o sistema de governo é a democracia, elege o seu presidente a cada 4 anos.

6.

1. fessor	5. china	9. portuga
2. japa	6. boteco	10. milico
3. japa	7. rebu	11. confa
4. sampa	8. milico	

7.

a. (ir) (ser) (ser) (ser) (ser)
b. (ir) (ser) (ser) (ser) (ir)
c. (ser) (ir)
d. (ir) (ser)
e. (ir) (ser) (ir)

8.

a. motoristazinho
b. bonequinhas
c. dramalhão
d. tempinho
e. carinha
f. pãezinhos
g. meninão
h. calorzão
i. carrão / carrinho / velhinho
j. lugarzinho
l. A. cafezinho / B. minutinhos

9. Sugestão de respostas:

Vantagem: ajuda a criança a se organizar, criar uma rotina de estudo e fazer pesquisa.

Desvantagem: os filhos têm menos tempo para se relacionarem com os pais.

10. Sugestão de respostas:

- Se eu tivesse escolhido o curso de informática, estaria ganhando melhor salário.
- Se eu tivesse participado daquele bolão, estaria rico.
- Se eu não tivesse concordado que minha esposa voltasse a trabalhar, as crianças não teriam que ficar o tempo integral na escola.
- Se eu tivesse ficado em Salvador, teria uma vida melhor.
- Se eu não tivesse comprado um carro zero, poderia ter dado entrada num apartamento.

11. Sugestão de respostas:

1. Eu tinha ido ao aeroporto.
2. Se até o final do mês eu tiver ido ao consulado, trarei.
3. Teria ido se tivesse tido tempo.
4. Se você tivesse ido ao aniversário do Eduardo, a teria encontrado.
5. Às quatro horas. Até lá, já terei ido ao banco.

MÃOS À OBRA!

Ruberval – o síndico, em...
'A Pauta de hoje'

1. 'Esta sessão extraordinária está acontecendo, pois precisamos falar de um assunto **bastante** urgente: capacitar **melhor** nossos funcionários: vigias, zelador e até faxineiros, para que possam, cada vez mais, nos oferecer tranqüilidade. Sendo assim, tomaremos uma medida **imediatamente**: **primeiramente** todos irão assistir a um seminário de comportamento e segurança, em seguida, farão um treinamento intensivo'.

2. Sugestão de respostas:

a. Espero que os funcionários aproveitem o seminário.
b. Desejo sinceramente que tenhamos segurança e tranqüilidade.
c. Tomara que este seminário e o treinamento dêem bons resultados.

UNIDADE 12

1.

A: Você vai mesmo tomar esse **remédio**?

B: Ué, qual é o problema? Eu já li a **bula** e não tem nenhuma **contra-indicação**.

A: Bem, eu tenho minhas dúvidas. Acho melhor você marcar uma **consulta** com o Dr. Jorge pra ver o que ele acha.

B: Dr. Jorge? Ele não atende mais pelo meu **convênio**.

A: Nossa, Rute! Você está pálida. Você está piorando, não está?

B: Acho que minha pressão está caindo...

A: Agüenta aí! Vou chamar uma **ambulância** pra levarem você a um **pronto-socorro**.

B: Mas a esta hora? Já são 3h da manhã.

A: Com certeza há médicos de **plantão** que vão saber o que fazer pra você se sentir melhor.

2.

1. Estamos **à** disposição para sanar quaisquer dúvidas.
2. O desconto **à** vista era pequeno, por isso preferi comprar a prazo.
3. Saímos **às** onze horas e chegamos **à** uma hora em ponto.
4. Fomos **à** banca, mas não encontramos D. Lurdes. Disseram que ela só chegaria **à** tarde.
5. Estou **à** procura de ajuda, mas, **às** vezes, acho que nunca vou encontrar.
6. Não gosto de assistir a filme de terror **à** noite, pois sempre tenho pesadelos.
7. Fiquei frente **à** frente com a diretora, mas não a reconheci.
8. Depois de visitar a França, vou **à** Itália e a Roma.
9. A peça começa daqui a duas horas.
10. Gostaria de agradecer **àqueles** que muito colaboraram com a campanha do agasalho.

3.

1. Pedro atropelou o cão **cujo** dono era seu vizinho.
2. Não conheço Campos de Jordão, **onde** os noivos passaram a lua de mel.
3. As primas de Cíntia **que / as quais** vieram para o Brasil moram no Canadá.
4. Perdi a palestra **que / a qual** tratava da ISO 9000.
5. Você é o médico **que / o qual** deu alta pra minha mãe?
6. Esses são os pobres cães **que / os quais** foram pegos pela carrocinha.

4.

A: Oi, Vanessa. Você viu <u>a Rita</u> por aí?

B: Eu **a** vi perto da cantina, mas por quê?

A: Porque eu **lhe** pedi para trazer <u>o gravador</u> pra aula de inglês.

B: Eu não **o** vi com ela, não.

A: Mas ela disse que ia trazê-**lo** sem falta.

B: Se ela realmente **o** esqueceu, é só pedir <u>para as senhoras</u> da locadora. Elas são muito legais.

A: Ah, mas de novo! Eu já **lhes** pedi a semana passada.... Não tem jeito. A Rita se ~~esqueceu~~ mesmo de trazer o gravador. Será que <u>as senhoras</u> estão lá agora?

B: Ih! Eu acabei de me lembrar de que hoje cedo eu não **as** vi. Era um garoto que estava lá. Ele me disse que as senhoras tinham tirado o dia de folga.

A: Dia de folga ? Mas justo hoje?!

5. Sugestão de respostas:

1. (estímulo) Firme ! Continue **tentando**.
2. (alívio) Ufa ! Que bom **que você chegou**.
3. (desejo) Tomara que **não chova**.
4. (cansaço) Uf! Não vejo a hora de **chegar em casa**.
5. (silêncio) Psiu! As crianças **estão dormindo**.
6. (surpresa) Puxa! Eles realmente **vieram ao meu aniversário**.
7. (alegria) Oba! Eu já **passei de ano**.
8. (dor) Ai! Como eu consegui **deixar cair isto no meu pé**.
9. (medo) Cruzes! Tire esta **barata de perto de mim**.
10. (afugentando) Fora! Não **se aproxime**.

6. 1.

a. **Dê** um sinal de luz ou **toque** a buzina pra deixar claro que ele cometeu um erro.

b. Não **faça** nada, mas se tiver oportunidade mais adiante, **devolva** a afronta com uma manobra arrojada.

c. **Fique** irritado mesmo, mas, por favor, **reduza** a velocidade e **siga** seu caminho.

2.

a. **Buzine** pra chamar a atenção do pedestre, **pergunte** em tom de brincadeira se ele quer morrer, **desvie** dele e **siga** o seu caminho.

b. **Acelere** um pouco, e **dê** um susto no pedestre pra que ele tome mais cuidado na próxima vez.

c. **Pare** e **espere** que ele passe, **dirija**-lhe apenas um olhar de repreensão.

7. b .

1. Serra Negra é chamada de Cidade da Saúde devido ao seu clima de montanha, ameno e oxigenado, suas fontes de águas minerais e sua exuberante beleza natural.
2. Propriedades radioativas indicadas para vários tipos de tratamento.
3. Resposta pessoal.

c. Vocabulário

1. bragantino   2. coreto   3. exuberante

8.

C	Y	R	E	T	C	V	B	A	Q	E	R	W	V
N	L	O	T	G	H	H	J	P	U	E	Q	W	E
A	S	S	W	E	R	G	G	S	K	P	R	T	U
C	X	Z	W	A	Q	D	F	I	E	E	M	J	L
I	H	C	V	B	N	M	R	C	W	D	Q	V	B
D	E	R	M	A	T	O	L	O	G	I	S	T	A
C	V	B	T	U	I	B	P	L	R	A	A	E	T
B	C	N	R	T	E	S	W	O	Z	T	Q	M	I
N	W	F	G	H	J	T	J	G	K	R	R	E	Q
H	X	C	V	B	R	E	W	O	A	A	E	T	U
E	U	I	O	S	A	T	X	C	B	N	T	R	Q
G	X	W	A	S	N	R	M	U	I	O	O	T	Q
T	X	G	E	R	I	A	T	R	A	B	R	T	E
U	A	B	C	D	E	F	G	H	I	J	K	L	M

1. dermatologista   4. geriatra
2. obstetra   5. psicólogo
3. pediatra

9.

1. a   2. a - Formas corretas: Informei-o do acontecido ou Informei-lhe o acontecido.   3. a   4. a   5. b

10.

1. por   3. de   5. à   7. de   9. do
2. mas   4. sem   6. de   8. em   10. das

11.

1. Tomo	6. Pratico	11. Não me sinto
2. Como	7. Evito	12. Acredito
3. Evito	8. Sou	13. Vejo
4. Bebo	9. Dedico	14. Faço
5. Bebo	10. Durmo	15. Tenho

Marque: (0) Raramente ou nunca
(1) Algumas vezes (2) Freqüentemente

MÃOS À OBRA!

Ruberval – o síndico, em...
'A Pauta de hoje'

1.

1. muito   2. sempre   3. realmente   4. facilmente

2.

a. Você **os** vacinou na última campanha de vacinação?

b. Você **a** convenceu a divulgar a campanha?

c. Você **lhes** entregou os panfletos?

d. Você **lhe** pediu ajuda para fixar os cartazes?

UNIDADE 13

1. a.

1. a   2. c   3. b

b. Sugestão de respostas:

1. Discuti com um dos meus colegas de trabalho. Vou deixar a poeira baixar e depois vou chamá-lo para, de cabeça fria, chegarmos a um acordo.
2. Estava certa de que seria promovida. Caí do cavalo. Só o Alfredo foi promovido.
3. Por serem meus diretores, não retruquei. Engoli sapo ao ouvir tanta bobeira e me calei.

2. Sugestão de respostas:

1. Fui ao banco e coloquei umas cartas no correio.
2. Não o ofendemos nem o elogiamos.
3. Você quer sair ou quer ficar em casa?
4. Não li direito as instruções, por isso não consegui ligar o aparelho.
5. Compramos as passagens aéreas porque vamos viajar nas férias.
6. Fiz tudo sem ajuda, mas consegui me sair bem.

3.

1. (8)   2. (6)   3. (5)   4. (4)   5. (7)   6. (1)   7. (3)   8. (2)

4.

1. porém	6. que
2. nem	7. como também
3. como	8. pois
4. já que	9. portanto
5. embora	10. à medida que

5.

Terça-feira
5h – Embarcar para Cuiabá
9:30h – Participar da reunião Anual de Gerentes
20:30h – Jantar com Keller, Ronaldo e Victor em um restaurante típico
Quarta-feira
9h – Visitar clientes
13h – Almoçar numa churrascaria
15h – Comprar souvenir na Casa do Artesão
20h – Coquetel
Quinta-feira
9h – Workshop
20h – Telefonar para Helena e dar o feedback do workshop
Sexta-feira
8h – Excursão para o Pantanal
Sábado
5h – Embarcar para São Paulo
9h – Apanhar/pegar/buscar Helena em casa para irem à festa de aniversário de Renata.

6. Sugestão de respostas:

1. Se eu soubesse falar cinco línguas fluentemente, poderia trabalhar como guia de turismo.
2. Faria muitos planos de aposentadoria privada.
3. Incentivaria o Turismo Ecológico.
4. Procuraria achar um rio e seguiria o seu curso.
5. Perguntaria se algum cliente perdeu alguma soma e de quanto seria a mesma.
6. Viveria mais despreocupadamente.
7. Pediria muito dinheiro e muita proteção.
8. Viajaria mais e passaria mais tempo com a minha família.
9. Eu o levaria a uma delegacia de menores.
10. Diria que estava sob rigoroso regime alimentar e não comeria nada.

7.

2. Sim, disse que tinha terminado há cinco anos.

3. Ela disse que seria entrevistada porque queria fazer o curso de pós-graduação em Economia naquela universidade.

4. Disse que, se ela tiver conseguido o título de Mestre, dará aula numa universidade do seu país.

5. Sim, disse que tinha ido conversar com o professor no dia anterior à entrevista.

6. Não. Disse que tinha vindo com o marido e o filho.

7. Disse que ele ficaria quatro anos.

8. Ele disse para que ela ligasse para a secretária.

8.

1. débito automático	4. caixa eletrônico
2. fila	5. cartão magnético
3. guichês	6. investimento

9.

1. impressora	5. cofre
2. salário	6. licença
3. cheque	7. grampeador
4. férias	

B	H	R	E	S	W	C	V	B	N	M	K	U	I
A	P	O	S	E	N	T	A	D	O	R	I	A	O
D	F	I	M	P	R	E	S	S	O	R	A	G	Y
C	V	R	T	S	A	L	A	R	I	O	T	R	E
R	C	H	E	Q	U	E	R	G	H	J	U	I	O
H	G	D	T	U	I	F	E	R	I	A	S	E	R
W	Q	U	Y	K	C	O	F	R	E	Y	U	I	O
B	N	L	I	C	E	N	Ç	A	W	R	T	Y	U
B	G	R	A	M	P	E	A	D	O	R	E	R	G
F	R	T	U	I	O	P	H	S	Z	X	C	D	A

10.

CARTA COMERCIAL

Sugestão de resposta:

Tapetes Soares
Nesta

Conforme a sua solicitação, estamos enviando o nosso mostruário da nova linha de fibras sintéticas juntamente com a nossa tabela de preços.
Gostaria de salientar que do corrente mês a validade da tabela é até o dia 30/06 ou até o fim de nosso estoque; o que ocorrer primeiro.

Atenciosamente

_____

Carlos Silva

1. a.

1. (a)   2. (c)   3. (b)   4. (d)

b.

a. (4) Quero esconder a minha indecisão.
b. (1) Prefiro não me comunicar.
c. (2) Quero me proteger, fecho-me para não ser atingido.
d. (3) Sou contra isso!

2.

Resposta Pessoal.
(Sempre, normalmente, às vezes, raramente, quase nunca, nunca...)

3. Sugestão de respostas:

1. A: Só vou entregar/entregarei a mercadoria se você trouxer os documentos.

2. A: Só vou poder/poderei atendê-la se vier cedo.

3. A: Só vou levá-lo ao cinema se não chover.

4. A: Só irei à festa se você for.

5. A: Só viajaremos/vamos viajar se você melhorar.

4.

1 – cria, 2 – agrega, 3 – estão, 4 – tornando, 5 - surpreendem, 6 – melhoram, 7 – é, 8 – precisam, 9 - conhecer, 10 – é, 11- criar, 12 – explica, 13 – é, 14 – fazer.

5.

Resposta pessoal.

6.

1. O anúncio C, engenheiro mecânico, oferece as melhores condições. São elas: todos os benefícios de uma empresa de grande porte, tais como: assistência médica completa, ticket restaurante, vale transporte, cesta básica e prêmio sobre produção.

2. O anúncio C, engenheiro mecânico, não exige tempo de experiência.

Sugestão de respostas:
3. O emprego da firma A oferece o menor salário inicial.
4. O emprego da firma B exige mais tempo de experiência do que as firmas A e C.
5. A emprego da firma C oferece melhores condições do que as firmas A e B.
6. Resposta pessoal.

7.

a. Teresa é simpaticíssima
b. Ana e Lúcia são amicíssimas
c. Ficou branquíssima
d. Estão baratérrimos
e. Fez o máximo esforço_____
f. Era magérrima porque comia pouquíssimo

8. b .

1. O objetivo do Feng Shui é criar um ambiente saudável, equilibrado e em harmonia com a natureza.
2. Uma vez que o Feng Shui redireciona os fluxos de energia num ambiente, transformando-o em um local sereno e em harmonia com as poderosas forças universais, ele, automaticamente, nos proporciona um ótimo bem-estar e vantagens em nossos esforços pessoais e profissionais.

c. Sugestão de respostas:

Exemplo: *sufixo* - **ico**	*energético*	*prático*	*fanático*	*frenético*
prefixo - **re**	redirecionar	redistribuir	refazer	reavaliar
sufixo - **ista**	acumputurista	motorista	artista	avalista
sufixo - **vel**	saudável	amável	inflável	inflamável
sufixo - **dade**	habilidade	flexibilidade	criatividade	pontualidade
sufixo - **gem**	vantagem	colagem	amostragem	bobagem
prefixo - **in**	incomensuravelmente	incolor	invencível	incontestável

9.

```
                              2
                    1 E S T Á G I O
                        U
        1               P         3
        T               L         F
    2 R E S I D Ê N C I A          I A
        M               N         X
        P               C         O
        O         3 B I C O
        R               A
        Á                         4
        R                         P
    4 I N T E G R A L             L
        O                         A
                                  N
                                  T
                                  Ã
                                  O
```

CARTA COMERCIAL

Sugestão de Resposta:

À Torre de Babel Idiomas,

Solicitamos, com urgência, um orçamento para aulas de inglês e espanhol para os funcionários de nossa empresa. As aulas deverão ser ministradas in-company, no período da manhã, entre 7h e 9h30, ou no horário do almoço, entre 11h30 e 14h.
Gostaríamos também de obter informações sobre o Curso de Português para Estrangeiros. Estaremos recebendo, na próxima semana, alguns ingleses e franceses que virão, com suas famílias, morar no Brasil, por dois anos. Essas aulas deverão ser dadas, em horários a combinar, na casa ou hotel onde estarão hospedados, na região do Morumbi.
Atenciosamente,

_____
Antônio Vasques
Diretor de Recursos Humanos

1.

a. espalhados   b. memorando   c. prioridade   b. minimizar   c. prazo

b.

Palavras do texto	Prefixo/sufixo	Significado do prefixo/sufixo	Outras palavras com o mesmo prefixo ou sufixo
1. monumental	-al	formar o adjetivo	genial, fenomenal, infernal
2. diariamente	-mente	formar o advérbio	calmamente, claramente, anualmente, seriamente
3. desorganizado	-des	negação, ação contrária	desordem, descalçar, desnecessário, desonesto
4. urgente	-ente	formar o adjetivo	atraente, persistente, aparente
5. arquivamento	-mento	formar o substantivo	conhecimento, aborrecimento

2.

1. platéia / elenco
2. multidão
3. orquestra
4. fauna
5. flora

3.

1. a féria
2. nas costas
3. Letras
4. o vencimento/ foi prorrogado
5. seus bens indisponíveis

4. Sugestão de respostas:

1. 'Quantos peixes passaram próximo ao veleiro!'
2. Um monte de abelhas foi a causa da cicatriz em seu rosto.
3. Todos os atores e atrizes estão de parabéns! Apresentaram-se muito bem.
4. O grupo de parlamentares (deputados e senadores) se reuniu para definir o futuro dos animais e das florestas do país.

5. Sugestão de respostas:

1. O que eles oferecem?
2. Quantos anos de experiência eles exigem?
3. Para onde se deve enviar o curriculum vitae?
4. Qual é a qualificação exigida?
5. Que idioma estrangeiro é necessário para o cargo?

6.

Precisa-se de ajuda para levar o cão ao veterinário. Prometeram ajudar, mas tiveram de viajar. Telefonaram, então, para Juca que estava ocupado e pediu mil desculpas por não poder ajudar. Sugeriram conversar com Marcos. Aí, disseram que, se fosse à tarde, poderiam ajudar. Naturalmente, aceitaram. Lá pelas 4 horas, apareceram de perua, porque já sabiam que era um enorme cão-fila. Levaram o cachorro à clínica veterinária mais próxima. Lá, vacinaram o animal, mas disseram que o cão devia ter algum problema. Marcaram uma consulta para a semana seguinte. Vão precisar procurar, outra vez, alguém para ajudar a levar o cão ao veterinário. Vão ter de repetir a mesma via-crucis na próxima semana.

7. Sugestão de respostas:

1. Por favor, poderia ligar o ar condicionado?
2. Tem/Há alguém sentado aqui? / Tem/Há alguém ocupando este assento?
3. Será que eu poderia ligar para minha casa?
4. Gostaria de fazer uma ligação. Posso usar o telefone?
5. Desculpe-me, mas não entendi direito. Poderia me explicar novamente?

8.

1. Miriam disse para Márcia trazer no dia seguinte o livro e as fitas, porque ia usá-los na aula de quinta-feira.

2. Edson escreveu para Júlio dizendo que não iria ao escritório na sexta, porque tinha surgido um imprevisto e ia ter que viajar para o Rio. Disse que ligaria assim que voltasse.

3. Eduardo disse para a profª Sílvia que tinha feito boa viagem aos Estados Unidos e que tinha sido bem recebido pela família americana. Ele disse também que ia ser uma ótima experiência e esperava voltar fluente em inglês.

9.

A: Você viu **a** (2) Márcia?
B: Não **a** (3) vi hoje, mas ela disse **a** (1) meu pai que ia **a** (1) Brasília.
A: Mas acho que ela cancelou **a** (2) viagem devido **ao** (1) mau tempo.
B: Quer que eu peça **a** (1) ela que telefone pra você?
A: Bom, se você **a** (3) encontrar, diga **a** (1) ela que telefone **a** (1) João. Ele estava querendo falar com ela.
B: Se ela não viajou **a** (1) Brasília, vou convidá-la (3) para assistir **a** (1) um filme. Vou à (1+2) casa dela agora. Ela mora pertinho daqui.
A: Espero que **a** (3) encontre. João parecia desesperado, querendo falar com ela.

10.

1. **Pensáramos** que você não pudesse ajudar.
2. Júlia **imaginara** que estávamos ricos.
3. Sempre se soube que ele **levara** uma vida de economia e moderação para conseguir sobreviver com aquela aposentadoria tão miserável!
4. Nada puderam fazer, pois o menino **obtivera** permissão dos pais.
5. Como não **conseguira** o visto, teve que desistir da viagem aos Estados Unidos.

11.

12. Sugestão de resposta:

À Agência de Viagens _____

Gostaria de registrar aqui o meu descontentamento com os serviços prestados por vocês, no período de 7 a 12 de janeiro de 2000, em uma viagem a Nova Iorque.

Primeiramente, já no aeroporto, tive que aguardar todos os passageiros embarcarem, para ver se iria sobrar um assento para que eu pudesse embarcar, pois sua agência não tinha confirmado meu lugar no vôo.

Ao fazer a reserva, sem confirmar, vocês não informaram à companhia aérea o meu número de cliente preferencial, o que poderia ter evitado um transtorno maior no momento do embarque.

Para piorar a situação, quando cheguei a Nova Iorque, notei que meu apartamento era para fumantes, sendo que, por ser alérgico a cigarros, minha primeira solicitação tinha sido exatamente o contrário. Tentei mudar de quarto, mas o hotel estava lotado.

E mais, além do café da manhã não estar incluso na diária do hotel, não havia também nenhum tipo de transporte organizado para a ida ao aeroporto na volta ao Brasil. Esperei quase 40 minutos pela chegada de um táxi.

Sendo assim, quero salientar a minha total insatisfação com os serviços prestados.

Sem mais,

_____

Marcos Jacob

UNIDADE 16

1.

1. na	7. ao	12. dos
2. pelo	8. aos	13. pelo
3. no	9. da	14. nas
4. na	10. na	15. pela
5. na	11. da	16. pela
6. no		

2. Sugestão de respostas:

Daqui a dez anos...
terei recebibo uma ótima promoção no trabalho.
não estarei mais morando num apartamento. Terei comprado uma casa bem espaçosa.
terei viajado por toda a América Latina.
já terei tido três filhos.
não estarei mais dirigindo este meu carro antigo. Já terei comprado um carrão.

3.

1. Não se aborreça, **porque** isso passa logo.
2. Só **porque** não fui à casa dele, ficou muito bravo comigo.
3. Você não saiu ontem, **por quê**?
4. **Por que** cheguei tão tarde? Quer saber **por quê**?
5. Sabe **por que** ela não veio?
6. Desconheço o **porquê** de sua recusa.
7. Sempre saio a essa hora, **porque** não posso me atrasar.
8. Nem o governo sabe o **porquê** da inflação.
9. Ele não vai à festa, **por quê**?

4.

1. O goleiro não defendeu o pênalti, pois estava **mal** posicionado.
2. Como é desastroso ter um **mau** administrador.
3. A patroa recebia a empregada sempre de **mau** humor.
4. Não confunda o bem com o **mal**.
5. Ricardo nem sempre foi um **mau** aluno.
6. Eles começaram a sentir-se **mal** logo após o almoço.

5.

1. Brigaram muito, **mas** continuam amigos.
2. Todas as amizades **más** devem ser evitadas.
3. Andou comendo **mais** do que devia?
4. Esta é a flor **mais** bonita que já vi, **mas** dura tão pouco!
5. Hoje compramos **mais** verduras e menos frutas.
6. Tivemos aumento salarial, **mas** a inflação foi maior.

6.

Porto Seguro, 15 de novembro de 2000

Querida Bete,

Estamos aqui **há cerca** de uma semana. Viemos para cá **a fim de** de descansar e dar belos mergulhos nesta praia abençoada, mais até agora não tive a chance de dar **sequer** um mergulho. Mas a paisagem é **demais!** Em meio a este ambiente natural, lembrei-me de você. Com certeza, você adoraria este lugar! Quando tiver oportunidade, não deixe de vir conhecer este paraíso. Estou tirando um monte de fotos pra te mostrar.

Beijos da sua amiga Lu.

7.

Há muitos anos, em um país distante, **aonde** nenhum ocidental ousou chegar, havia um príncipe. Ele tinha 17 anos, mas **à medida que** ia crescendo, aumentavam suas dúvidas quanto ao seu modo de vida, pois estava **a par** das dificuldades pelas quais passavam seus súditos. Resolveu largar tudo e viver por algum tempo em meio ao seu povo. Os reis, seus pais, sabiam que **se não** lhe dessem permissão, o filho seria eternamente infeliz. Depois de algum tempo, tendo já assimilado o modo de vida do seu povo, o príncipe se tornou feliz. As dificuldades iam **de encontro ao** que buscava: algo por que lutar, pessoas a quem ajudar e a satisfação de ter feito algo para melhorar o mundo.

8.

1. paga	3. enxuto	5. sido
2. feito	4. aceitado	6. pegado/pego

9.

	VERBO	a	b
Exemplo:	*ter*	*tivesse*	*tiver*
1.	ir	for	fosse
2.	ser	fosse	for
3.	vir / ir	vier / for	viesse / fosse
4.	ver	visse	vir
5.	trazer / ter	trouxesse / tivesses	trouxer / tiver

10. a.

desconhecida - renomada	eficaz - ineficaz
antiga - moderna	experiente - inexperiente
melhor - pior	inexpressiva - expressiva
maior - menor	frágil - forte
corajosa - covarde	

b. Adjetivos que restaram:

séria   ousada   importante   criativa

11. Sugestão de respostas:

1. a. exemplo
   b. Por que você não telefona para o restaurante e pergunta se alguém achou alguma pasta?
   c. Eu acho que você deveria ir primeiro, ver como as coisas funcionam e depois, então, levar a sua família.
2. a. Essa é uma ótima idéia. Assim, eu posso praticar mais o meu português.

b. Pode até ser, mas eu prefiro ficar num lugar mais confortável. Às vezes, o barato sai caro!

12.

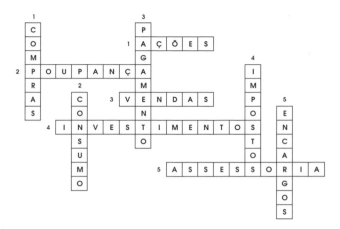

13. Sugestão de respostas:

1. (Formal) falecimento da esposa do Presidente da Empresa;
Destinatário: Ao senhor Gustavo Mendes
Remetente: Carlos Henrique Burim

Caro senhor Mendes,
Desejo-lhe, nesta hora tão difícil, meus sentimentos/ meus pêsames.
Que Deus proteja e dê muita força ao senhor e à sua família. Conte com esse amigo sempre que precisar. Abraços, Carlos Burim.

2. (Informal) parabéns ao Gerente de RH pela conquista do Prêmio Nacional de Qualidade na Administração de RH;
Destinatário: Mauro Leite
Remetente: Carlos Burim

Caro colega,
Parabéns pelo excelente desempenho que você tem demonstrado ao longo de tantos anos no departamento de Recursos Humanos. Esse prêmio foi, sem dúvida, o reconhecimento de muito esforço e dedicação. Um abraço, Carlos.

3. (Informal) congratulações à sua ex-secretária pelos bons resultados do filho no MbA da GV;
Destinatário: Sra. Regina Soares
Remetente: Burim

Regina, gostaria de parabenizá-la pelos bons resultados que seu filho conseguiu no Mba da Universidade Getúlio Vargas. Espero que ele tenha muita sorte em sua carreira profissional. E tomara que ele siga os ótimos exemplos da mãe: responsabilidade, presteza e agilidade. Parabéns!
Um abraço, Burim.

4. (Formal) reclamação à área de Administração de Salários pelo atraso no depósito do bônus negociado quando da aposentadoria.
Destinatário: Ao responsável da área de Administração de Salários
Remetente: Carlos Henrique Burim

Senhores,

Peço-lhes a gentileza de verificarem o motivo do atraso no depósito do bônus negociado anteriormente. O depósito deveria ter sido feito há duas semanas e, no entanto, o depósito ainda não foi efetuado e ninguém entrou em contato para qualquer explicação. Aguardo, ansiosamente, um parecer sobre tal questão. Atenciosamente, Carlos Henrique Burim.

UNIDADE 17

1.

1. chegarão
2. dará
3. vem
4. trará
5. entregarão
6. pedi
7. encomendou
8. será
9. soubesse
10. esqueceu
11. veja
12. comprou

2.

1. cuidar da
2. assisti ao
3. baseiam em
4. Desisto de
5. lutar contra
6. confiar nela
7. acredita na
8. gosta de

3.

1. com
2. ao / ao
3. com
4. de / ao
5. de / à (a)
6. dos
7. de
8. a

4.

a. Necessito de ajuda para prosseguir neste projeto.
b. Não posso determinar com exatidão o horário de sua partida.

5.

1. satisfeita com/dedicação à
2. descontentes com
3. desapontados com
4. bom para
5. fanáticos por/indiferentes a
6. paciência para

6.

a. 1
b. 3
c. 5
d. 2
e. 6
f. 4

7. a.

1. bata
2. despeje
3. junte
4. ponha
5. mexa
6. coloque
7. misture
8. passe
9. polvilhe
10. deixe

b.

ITENS EXCLUÍDOS	GRUPO
1. colher	recipientes para cozinhar
2. televisão	aparelhos elétricos de cozinha
3. farinha	condimentos
4. plantado	modo de preparo de comida
5. suco	bebidas alcoólicas
6. vatapá	doces brasileiros

8. Sugestão de respostas:

1. Queijo-de-minas tem um sexto das calorias do Emmental.
2. Queijo parmesão tem o triplo de calorias do requeijão cremoso.
3. Pão integral tem a metade das calorias do pão de hambúrguer.
4. A lingüiça calabresa tem o triplo de calorias do peito de peru defumado.
5. A coca-cola tem o dobro de calorias da água de coco.

9. O aluno deve acrescentar outros itens a sua escolha
Sugestão de respostas:

a. Petisco: amendoim, azeitonas, queijo prato picado, torrada com azeite e orégano
Outros: pão de queijo, pãozinho com manteiga, camarão frito

b. Aperitivo: batida de fruta, caipirinha
Outros: caipirosca, coquetel

c. Entrada: caldo de feijão, caldo de galinha
Outros: casquinha de siri, saladas

d. Prato principal: moqueca de peixe, feijoada, hambúrguer, espaguete
Outros: filé de frango à milanesa, massas (canelone, lasanha)

e. Acompanhamento: couve, molho vinagrete, salada de legumes
Outros: purê-de-batata, batata frita, polenta frita

f. Bebida acompanhando o prato principal: cerveja, suco, refrigerante, caipirinha
Outros: vinhos tinto, suave e rosé

g. Sobremesa: sorvete/gelado, queijo e goiabada, brigadeiro/negrinho, beijinho/branquinho
Outros: mousse, torta, bolo

10.

1. Não. Ele interpreta um intransigente consultor de imagens.
2. Ter uma vida sem preocupações; ter tudo o que se quer.
3. Não. "Geladeira" refere-se a alguém que não expressa seus sentimentos ou não se importa com o sentimento alheio.
4. O garoto é Spencer Breslin, o próprio Russ, quando criança.
5. Ele é gordinho e chato.

11.

1. Houve
2. faz / estava bom
3. É/meia
4. faz
5. era

MÃOS À OBRA!

As instruções de preparo que não dizem respeito à receita são: (em ordem de aparição): 1, 3, 4, 6 e 8.

1.

Título: **Estâncias**

As expectativas do homem moderno, que tem o seu *habitat* nas grandes cidades voltam-se – e cada vez mais – para a natureza, com a qual identifica o lazer, a **recuperação** e a alegria. No Brasil, descobre-se que as (1) **estâncias climáticas** são uma fonte de prazer 365 dias por ano. Os movimentos naturalistas, o medo dos **remédios** e a fuga da **poluição** trazem de volta as **águas** hidrominerais. Se **é** verdade que os melhores **remédios** da natureza **são** o sol e a **água** – desde que usados adequadamente – uma (2) **estância** hidromineral **é** a receita certa para qualquer pessoa. Essas **são** algumas das causas da **revitalização** dos serviços termais em todo **país**. As (3) **estâncias também são** procuradas pelos mais jovens que começam a curtir a vida **saudável** junto **às** montanhas, matas, rios encachoeirados. Seja num fim-de-semana, em sete dias ou numa temporada maior, **haverá** sempre o que fazer e como divertir-se. **Há** cidades movimentadas, outras quase exclusivas, algumas oferecem vida noturna, outras a oportunidade de passar o dia praticando esportes. Os **hotéis**, muito bem aparelhados, possuem **saudáveis** programas de lazer para crianças. Enquanto isso, os pais podem, com **tranqüilidade**, vivenciar os **benefícios** desses verdadeiros *spas* e *resorts*. Produtoras de queijo, licores, doces, malhas, porcelanas, flores e frutas, algumas (4) **estâncias** possuem uma infra-estrutura hoteleira e de serviços capaz de realizar grandes eventos e **convenções** em qualquer **época** do ano.

2. Sugestão de respostas:

1. Vou levar o maiô para tomar banho de rio, de mar ou de cachoeira, caso tenha um perto do acampamento.
2. Vou levar um protetor solar porque espero que faça bastante sol.
3. Vou levar o mapa para que eu possa achar o caminho facilmente.
4. Vou levar um saco de dormir para que possa usá-lo como cama.
5. Vou levar bastante dinheiro caso surja algum imprevisto.
6. Vou levar uma barraca para ficar mais protegido contra os insetos.
7. Vou levar uma filmadora porque espero que seja possível filmar todos os lugares por onde passar.
8. Vou levar uma toalha para me enxugar. Tomara que eu consiga encontrar banheiros limpos nos campings!
9. Vou levar um dicionário caso encontre palavras desconhecidas enquanto estiver lendo.
10. Vou levar uma mochila caso faça trilhas.
11. Vou levar uma vara caso vá pescar.

3.

1. protetor solar
2. bronzeador
3. maiô
4. biquíni
5. biquíni
6. canga
7. cadeiras
8. esteira
9. guarda-sol
10. bóia

4. Sugestão de respostas:

Sofia: Parece uma ótima idéia / Eu adoraria
S: Onde fica o cinema?
S: Quem são os atores principais?
S: Qual o horário das seções?
S: Combinado! Encontro com você em sua casa às 17h e, de lá, podemos ir a pé até o shopping.
S: Até mais! / Tchau.

5. Sugestão de respostas:

2. ... que eu tinha excedido o limite de velocidade.
3. ... que os pneus estavam carecas / lisos.
4. ... que o carro não tinha cintos de segurança traseiros / ... que os cintos de segurança traseiros estavam quebrados.
5. ... que minha carteira de habilitação estava com o exame médico vencido.
6. ... que a lanterna dianteira estava queimada.

6.

1. Memorize o nome das pessoas.
2. Seja uma pessoa autêntica e transparente.
3. Leia bons livros e assista a bons filmes.
4. Ouça o canto dos pássaros.
5. Lembre-se do aniversário dos amigos.
6. Brinque com as crianças.
7. Tenha um *hobby*.
8. Faça surpresas nas datas especiais.
9. Dê um abraço carinhoso.

7.

1. em	3. x	5. x	7. a	9. x / de
2. a	4. a	6. x	8. com	10. a / x

8.

1. achou dela
2. simpatizei / com ela
3. recomendada por
4. encaminhada por
5. telefonar para
6. reclamou dela
7. desconfiando das pessoas
8. precisando de
9. ajude nos
10. começar a

9. a.

1. foi devolvido
2. é considerada
3. foi determinado
4. foi puxado

b.

1. Bombeiros, moradores, policiais florestais e oceanográfos.
2. Elas costumam vir da Antártida para passar o verão na costa da Bahia.
3. Porque ela ficou presa na areia e não conseguia nadar.
4. Um cabo de náilon preso ao animal foi puxado por um barco.
5. Resposta pessoal.

10.

1. Fui ao cinema depois de levar meu filho à escola.
2. Passei pelo Parque Ibirapuera a pé e, quando cheguei em casa, estava muito cansada.
3. Quando eu era criança, os aparelhos de TV não eram em cores.
4. Os turistas foram ao estádio do Maracanã e gostaram muito do jogo.
5. A casa em que ele mora fica entre dois prédios enormes!

MÃOS À OBRA!

Resposta pessoal

133

UNIDADE 19

1. a.

1. c   2. a   3. d   4. b

b.

SUBSTANTIVOS	ADJETIVOS	ADVÉRBIOS	PREPOSIÇÕES	ARTIGOS
Pessoas	carentes	Constantemente	sem	uma
Livros	baratas	Simplesmente	a	um
Obras	feliz	Particularmente	de	os
Dogmas	religiosos			
Mago	espiritual			

2.

Querida Elisa,

Tudo bem? Ontem fui assistir **a** uma peça de teatro e... sabe quem encontrei lá? A Bárbara! E você não vai acreditar **em** mim: ela estava **com** o Fernando, o namorado da Darci! Você se lembra **dele**? Na verdade, eu sempre antipatizei **com** Bárbara. Não consigo confiar **nela**. A gente passa **por** ela, mas ela nem te cumprimenta. Todos reclamam disso. Bem, deixando a fofoca de lado, a peça de teatro estava muito legal. Vale a pena conferir. Se você tiver um tempinho, não deixe **de** assistir!

Abraços,
Ana

3.

1. é	8. era	15. estariam
2. está	9. está	
3. está	10. é	
4. está	11. estava	
5. foi	12. foi	
6. estava	13. era	
7. eram	14. eram	

4.

1. É uma olimpíada em que os atletas participantes são deficientes físicos ou visuais.
2. Foi uma recepção com festa, animada por uma escola de samba.
3. A primeira medalha, porque a atleta a recebeu quando bateu o recorde mundial.
4. Ela ganhou duas medalhas.
5. Resposta pessoal.

5.

1. goleiro	7. atacante direito
2. lateral direito	8. meia direita
3. líbero	9. centroavante
4. volante	10. meia esquerda
5. volante	11. atacante esquerdo
6. lateral esquerdo	

6.

1. não ficaríamos sem energia.
2. se nós tivéssemos vindo mais cedo.
3. se nós estudarmos bastante,
4. se eles tivessem comprado os ingressos.
5. Se você tivesse ido de metrô,
6. Se eles fossem espertos,

7. Sugestão de respostas:

1. Eu iria imediatamente socorrê-lo.
2. Eu ficaria decepcionada.
3. Eu não o perdoaria jamais.
4. Eu procuraria saber o porquê do mau comportamento.

8. a.

Resposta pessoal.

b. Sugestão de resposta:

O candidato Adroaldo é estudante universitário de Educação Física. Tem 20 anos, 1.80 m e 69 kilos. Tem muita familiaridade com esportes; pratica atualmente 4 modalidades. Já fez parte de competições federadas e possui dois títulos esportivos em duas modalidades diferentes. Não fuma e nem bebe. Possui hábitos alimentares saudáveis. Tem familiaridade com 17 diferentes modalidades esportivas.

9.

	Significado	Sinônimo	Antônimo	Derivados
1. competência	Ser capaz de	Capacidade aptidão	incompetência	Competente
2. constranger	Tolher a liberdade de	_____	_____	Constrangimento
3. submersão	Ato ou efeito de submergir / cobrir de água	afundar	Emersão	_____
4. urbano	Relativo a cidade	_____	Rural	Urbanismo
5. falcatrua	Artifício de burlar	Fraude	_____	_____
6. preencher	Encher totalmente	completar	_____	Preenchimento
7. herança	O que se transmite por hereditariedade / patrimônio	_____	_____	Herdeiro
8. reivindicar	Ato de requerer	pedir	_____	Reinvidicação

10.

1. Atletismo	8. Futebol
2. Natação	9. Vôlei
3. Basquete	10. Futebol
4. Tênis e Vôlei	11. Natação
5. Futebol	12. Futebol e Tênis
6. Atletismo	13. Futebol e Basquete
7. Vôlei	

MÃOS À OBRA!

1. b. Resposta pessoal

UNIDADE 20

1.

1. clã
2. galeria
3. sertanista
4. ritual
5. matéria-prima

2.

1. o/um	5. as/umas	9. o/um
2. os/uns	6. a/uma	10. a/uma
3. os/uns	7. as/umas	11. as/umas
4. o/um	8. o/um	12. os/uns

Sugestão de respostas:

1. O champagne servido no casamento era de ótima qualidade.
   Precisamos comprar um champagne para celebrar.
2. Onde estão os meu óculos?
3. Preciso comprar trezentos gramas de carne moída.
   Compre uns duzentos gramas de presunto.
4. O telefone está mudo.
   Preciso alugar um telefone.
5. Quais as músicas de que você mais gosta?
   Esse cantor canta umas músicas meio bregas.
6. A viagem de núpcias de Edu e Flávia foi muito romântica.
   Preciso fazer uma viagem para descansar um pouco.
7. As reuniões têm sido muito longas.
   Tem umas reuniões que são pura perda de tempo!
8. O leite de soja tem um gosto esquisito!
   Uma vez tomei um leite enriquecido com ferro que era um horror!
9. O celular de Rita só dá caixa postal.
   Vou comprar um celular pré-pago.
10. A proposta de compra já foi enviada?
    Precisamos preparar uma proposta de terceirização de aulas de português.
11. As horas extras serão pagas ainda esta semana.
    Tinha umas horas extras para receber, mas preferi tirar em dias.
12. Vários assuntos serão tratados na reunião de hoje à tarde.
    Desculpe-me, mas preciso sair para tratar de uns assuntos Importantes com o diretor financeiro.

3.

1. minhas	5. deles	9. seu	13. meu
2. sua	6. nossas	10. dela	
3. meus	7. nossos	11. meu	
4. minha	8. dela	12. dele	

4.

1. havia me decidido	7. tenho assistido
2. tenho exagerado	8. tenho viajado
3. tiver estudado	9. tenho me perguntado
4. tenho feito	10. terá valido
5. tenho me divertido	11. teria tido
6. tenho nadado	12. tivesse estudado

5.

1. d	3. a	5. c	7. b
2. f	4. g	6. e	

6. Sugestão de respostas:

1. De onde você é?/Onde você nasceu?
2. Há quanto tempo você está no Brasil?
3. Por que você veio ao Brasil?
4. se casou com uma brasileira?
5. O que você fazia...?
6. O que você tem feito...?
7. Você não sente falta deles?
8. Você pretende voltar para a Inglaterra?
9. Como/onde você aprendeu?
10. Tatiana não ensinava português para você?
11. Onde vocês estão morando?/Onde vocês moram?

7.

1. animal	5. peixe	9. palito
2. coruja	6. cobra	10. pedra
3. porco	7. lesma	
4. burro	8. vara-verde	

8. Sugestão de perguntas:

1. Quais são os personagens do Sítio do Pica-Pau Amarelo?
2. Como se chama o negrinho de uma perna só, cachimbo de barro na boca e capuz vermelho na cabeça?
3. Quais são as travessuras do Saci-Pererê/O que faz o Saci-Pererê?
4. Qual é o personagem que canta para seduzir garotas ribeirinhas?
5. Qual é a lenda da vitória-régia?

9.

1. d	5. j	9. b
2. f	6. a	10. c
3. g	7. e	
4. h	8. i	

10.

1. Personagens:	5. Danças regionais:
2. Crendices:	6. Canções populares:
3. Lendas:	7. Religiosidade popular:
4. Folguedos:	

1. Personagens: chupa-cabras, curupira, mão-grande, saci-pererê
2. Crendices: carranca na proa afasta os maus espíritos, cruzar com gato preto atravessando a rua dá azar, sexta-feira 13 é dia de azar
3. Lendas: boto cor-de-rosa, negrinho do pastoreio, uirapuru
4. Folguedos: vaquejadas, maracatus, bumba-meu-boi, cangadas, cavalhadas, festas juninas
5. Danças Regionais: frevo, baião, cabinda, maracatu, chote nordestino, xaxado, fandango
6. Canções Populares: cantigas de roda, canções de ninar, acalantos, cantigas de catimbó, cantigas de pescadores
7. Religiosidade Popular: pajelança, candomlé, catimbó, umbanda

BIBLIOGRAFIA

CEREJA, William Roberto e MAGALHÃES, Thereza Cochar. *Português: Linguagens (8ª série)*, 1ª. ed., São Paulo, Editora Atual, 1999.

FERREIRA, Aurélio Buarque de Holanda. *Novo Dicionário Básico da Língua Portuguesa*, 3ª. ed. RJ, Editora Nova Fronteira / *Folha de São Paulo*, 1999.

_____. *Pequeno Dicionário Brasileiro da Língua Portuguesa*, 11ª. ed., Rio de Janeiro, Companhia Editora Nacional, 1976.

INFANTE, Ulisses. *36 Lições Práticas de Gramática*, 1ª ed., São Paulo, Editora Scipione, 1997.

Língua Portuguesa - Help! Sistema de Consulta Interativa, O *Estado de São Paulo*, 1ª ed., São Paulo, Klick Editora, 1995.

MARTINS, Eduardo. *Com Todas as Letras - O Português Simplificado*, São Paulo, Editora Moderna, 1999.

_____. *Manual de Redação e Estilo*, 3ª. ed., São Paulo, O *Estado de São Paulo*, 1997.

MESQUITA, Roberto Melo. *Gramática da Língua Portuguesa*, 1ª ed., São Paulo, Editora Saraiva, 1994

NICOLA, José de e Infante, Ulisses. *Gramática Essencial*, 8ª ed., São Paulo, Editora Scipione, 1994.

_____. *Português Palavras e Idéias (8ª série)*, 7ª ed., São Paulo, Editora Scipione, 1993.

PASQUALE & ULISSES. *Gramática da Língua Portuguesa*, 1ª ed., São Paulo, Editora Scipione, 1998.

PRATA, Mário. *Mas Será o Benedito?*, 10ª ed., São Paulo, Editora Globo, 1996.

SACCONI, Luiz Antonio. *Gramática Essencial Ilustrada*, São Paulo, Atual Editora, 1994.

_____. *Não Erre Mais*, 20ª ed., São Paulo, Atual Editora, 1997.

_____. *Nossa Gramática - Teoria e Prática*, 18ª ed., São Paulo, Atual Editora, 1994.

_____. *1000 Erros em Português*, 4ª ed., São Paulo, Nossa Editora, s/d.

TUFANO, Douglas. *Estudos da Língua Portuguesa – Gramática*, 2ª ed., São Paulo, Editora Moderna, 1990.

_____. *Minigramática - Estudos de Língua Portuguesa*, 1ª ed. São Paulo, Editora Moderna, 1998.